Gabriele Ebert

Jiddu Krishnamurti

Einführung in sein Leben

und Werk

Verlag: BoD · Books on Demand GmbH, In de Tarpen 42,
22848 Norderstedt, bod@bod.de
Druck: Libri Plureos GmbH, Friedensallee 273, 22763 Hamburg
1. Auflage, 2024
Fotos von Krishnamurti mit Erlaubnis des Krishnamurti Foundation
Trust, Brockwood, UK
ISBN: 978-3-7693-2400-6

Inhaltsverzeichnis

Einleitung

Jiddu Krishnamurtis Leben ist äußerst spannend. Als Jugendlicher wurde er von den Theosophen Charles Leadbeater und Annie Besant zum erwarteten Weltlehrer bestimmt und musste eine strenge westliche Erziehung über sich ergehen lassen. Schließlich fand er aus sich selbst die Kraft, die in ihn gesetzten Erwartungen von sich zu weisen, sich von allen Glaubensvorstellungen der Theosophischen Gesellschaft zu befreien und seinen ganz eigenen Weg zu gehen. Er wurde ein unabhängiger Philosoph, der keiner Glaubensrichtung angehörte, jede religiöse Institution, Hierarchie und Konditionierung verwarf, auch die des Lehrers, Freiheit verkündete und von seinen Zuhörern intensive innere Arbeit erwartete, ohne jedoch eine Technik vorzugeben.

Er machte zeitlebens eigentümliche Erfahrungen, die bei den Yogis als Erweckung der Kundalini bekannt sind. Mit seiner charismatischen Ausstrahlung zog er Menschen auf der ganzen Welt an und wurde auf seine Art doch noch ein Weltlehrer. Er reiste um die ganze Welt – von Indien nach Europa, Amerika und Australien, und hielt Vorträge, führte Gespräche, beantwortete Fragen in Hallen, Schulen, Camps, Zentren und in privatem Rahmen. Überall, wo er länger war, bildete sich ein Freundeskreis um ihn, der ihn unterstützte. Seine zahlreichen Schriften, Tonaufnahmen (er sprach später auch im Rundfunk) und Videos fanden und finden bis heute weltweite Verbreitung.

Krishnamurti lässt sich keiner Strömung zuordnen. Seine Themen betreffen alle Lebensbereiche. Er fordert eine radikale innere Verwandlung. Seine Lehre gründet auf seiner eigenen Erfahrung. Das macht seine Schriften sehr ursprünglich und ansprechend, ob man nun mit ihm in allem übereinstimmt oder nicht.

Krishnamurti führte zweimal Tagebuch: in den 1960ern das Notebook und in den 1970ern das Journal. 1983, gegen Ende seines Lebens, sprach er seine Gedanken auf ein Tonbandgerät. Letzteres Material erschien in Buchform unter dem Titel „Krishnamurti to Himself" (Selbstgespräche). Diese drei Bücher vermitteln unter seinen vielen Werken seine Persönlichkeit am besten.

In Deutsch gibt es die Übersetzungen von zwei umfassenden Biografien von Pupul Jayakar und Mary Lutyens, die beide von ihm beauftragt worden waren, über sein Leben zu schreiben. Lutyens war seit Kindheit mit ihm verbunden, Jayakar ab Ende der 40er Jahre.

Die vorliegende Biografie will nur eine Einleitung in Leben und Werk Krishnamurtis geben und bedient sich ihrer als Hauptquelle.

Mein besonderer Dank geht an Duncan Toms, den Archivar des Krishnamurti Foundation Trust in Brockwood, der mir die hier verwendeten Fotos von Krishnamurti zur Verfügung gestellt hat.

Gabriele Ebert

Geburt und Kindheit

Krishnamurti wurde nach westlicher Zeitrechnung am 12. Mai, nach östlicher am 11. Mai 1895[1] kurz nach Mitternacht in Madanapalle in Andra Pradesh, zwischen Madras und Bangalore in Südindien gelegen, geboren. Seine Eltern waren Jiddu Narianiah, ein Beamter in der Finanzverwaltung der Britischen Administration, und Sanjeevamma, die zugleich Narianiahs Cousine zweiten Grades war. Beide gehörten der Brahmanenkaste an.

Das zweistöckige Elternhaus lag im Brahmanenviertel. Die Umgebung von Madanapalle war karg und die Verhältnisse ärmlich. Sanjeevamma gebar Krishna im Pujaraum (Gebetsraum) des Hauses, wo beim täglichen privaten Gottesdienst die Hausgötter verehrt werden. Dies war völlig unüblich, da eigentlich etwas so Unreines wie eine Geburt in einem solchen Raum nicht stattfinden durfte. Vermutlich hatte sie das Empfinden, dass dieses Kind besonders sein würde.

Wie es Sitte war, kam ein Astrologe, um das Horoskop des Neugeborenen zu erstellen. Er prophezeite, dass der Junge einst ein berühmter Mann werden würde, aber zuvor viele Hindernisse überwinden müsse. Er erhielt den Namen Krishna, da er wie Krishna, die Inkarnation des Gottes Vishnu, das achte Kind war. Zudem war seine Mutter eine Verehrerin Krishnas. Später nannte man ihn Krishnamurti, was die Gestalt (Murti) von Krishna bedeutet. In Andhra Pradesh wird gewöhnlich der Vorname vor den Nachnamen gestellt. Jiddu ist also der Familienname.

Drei Jahre nach ihm wurde sein Bruder Nityananda, verkürzt Nitya, (Nityananda bedeutet ewige Glückseligkeit) geboren, mit dem Krishnamurti zeitlebens sehr verbunden war. Es waren

---

[1] In der indischen Zeitrechnung beginnt der Tag erst um 4 Uhr morgens. So war es nach diesem Kalender noch der 11. Mai.

insgesamt zehn Geschwister, von denen allerdings nur fünf das Erwachsenalter erreichten.

Mit sechs Jahren erhielt Krishna bei der Upanayama-Zeremonie die heilige Brahmanenschnur. Er wurde in neue Gewänder gekleidet, in bestimmte Riten eingeführt, und sein Vater flüsterte ihm das Gayatri-Mantra ins Ohr. Damit hatte er den Stand der Schülerschaft erreicht.

Nitya war außergewöhnlich intelligent, Krishna dagegen körperlich schwach und kränklich. Er litt an schweren Malariaanfällen und Krämpfen, die von einer Malaria-Erkrankung im Alter von zwei Jahren zurückgeblieben waren, an der er fast gestorben wäre. Da er ständig heftig aus der Nase und dem Mund blutete, konnte er ein Jahr lang nicht die Schule besuchen. Das mag allerdings ganz in seinem Interesse gewesen sein, denn er konnte der Schule sowieso nichts abgewinnen.

Krishna war sehr introvertiert und verträumt, beobachtete die Wolken, die Insekten oder starrte einfach in die Ferne. Zeitlebens war er ein großer Beobachter. Man hielt ihn deshalb für geistig unterentwickelt. Doch er interessierte sich für mechanische Dinge und schraubte einmal konzentriert die Uhr seines Vaters auseinander, studierte, wie sie funktionierte, und setzte sie wieder zusammen. Dieses Interesse blieb ihm bis ins hohe Alter erhalten. Später interessierte er sich für Autos, Kameras, Computer und alle neuen technischen Erfindungen, aber auch für wissenschaftliche Errungenschaften jeder Art.

Ein weiteres Wesensmerkmal, das ihm Zeit seines Lebens erhalten blieb, war, dass er sehr freundlich war und Mitgefühl zeigte. Oft kam er ohne Stift, Schiefertafel oder Bücher aus der Schule zurück, weil er sie einem ärmeren Kind gegeben hatte. Wenn die Bettler morgens zum Haus kamen und seine Mutter ihn hinausschickte, um Essen zu verteilen, kam er schnell zurück und holte Nachschub, nachdem er dem ersten Mann den ganzen Reis in seinen Beutel geschüttet hatte. Wenn Sanjeevamma den Kindern besondere Süßigkeiten als Belohnung zubereitete, nahm Krishna nur eine kleine Portion und gab den Rest seinen Brüdern.

Krishna im Alter von fünf mit seiner Mutter, 1900

1904 starb seine älteste Schwester mit zwanzig. In dieser Zeit zeigte sich, dass er wie seine Mutter hellseherisch veranlagt war, denn beide sahen das verstorbene Mädchen an einer bestimmten Stelle im Garten.

Er hing sehr an seiner Mutter, bei der er Verständnis fand. Doch als er zehneinhalb war, starb sie und ließ ihn verstört und einsam zurück. Auch von ihr hatte er wiederholt Visionen wie von seiner verstorbenen Schwester.

Als Jugendlicher beschloss Krishna, seine Autobiografie zu schreiben, doch er gab sein Vorhaben nach wenigen Seiten auf. Darin schrieb er über seine Mutter:

„Die glücklichsten Erinnerungen meiner Kindheit sind mit meiner Mutter verknüpft, die uns allen die Liebe und Fürsorge gab, für die die indischen Mütter bekannt sind. Ich kann nicht sagen, daß ich in der Schule besonders glücklich war, denn die Lehrer waren nicht sehr freundlich und gaben mir Lektionen auf, die zu schwer für mich waren. Ich mochte Spiele, die nicht allzu rauh waren, denn ich war nicht sehr robust. Der Tod meiner Mutter im Jahre 1905 beraubte meine Brüder und mich des Menschen, der uns am meisten geliebt und umsorgt hatte. Mein Vater war zu sehr von seinen Geschäften in Anspruch genommen, um uns besondere Aufmerksamkeit zu schenken. Ich führte das Leben eines gewöhnlichen indischen Jugendlichen, bis ich im Jahre 1908 nach Adyar kam (es war tatsächlich im Januar 1909). [...]

Während ich über meine Mutter schreibe, kommen mir einige Ereignisse in den Sinn, die vielleicht erwähnenswert sind. Sie war bis zu einem gewissen Grade medial veranlagt und sah oft meine Schwester, die vor zwei oder drei Jahren gestorben war. Sie sprachen miteinander, und es gab im Garten einen besonderen Platz, zu dem meine Schwester kam. Meine Mutter wußte immer, wann meine Schwester da sein würde und nahm mich manchmal mit an diese Stelle im Garten. Sie fragte mich, ob auch ich meine Schwester sehen könne. Anfangs lachte ich über diese Frage, aber sie bat mich, noch einmal hinzuschauen, und dann sah ich meine Schwester manchmal. Später konnte ich sie jedesmal sehen. Ich muß zugeben, daß mir das sehr viel Angst machte, denn ich hatte sie doch auf dem Totenbett gesehen und war bei ihrer Verbrennung dabeigewesen. So suchte ich in diesen Momenten Schutz bei meiner Mutter, aber sie beruhigte mich und sagte, es gäbe keinen Grund, sich zu fürchten. Ich war außer meiner Mutter der einzige in unserer Familie, der diese Visionen hatte, obwohl auch die anderen daran glaubten. Meine Mutter konnte auch die Auren anderer Menschen sehen, und manchmal konnte ich das auch. [...]

Meine Mutter war eine sehr gütige, großzügige Frau. Sie war freundlich zu den armen Jungen aus der Nachbarschaft und gab denen, die ihrer eigenen Kaste angehörten, regelmäßig zu essen. Jeder Junge kam an einem bestimmten Wochentag zu uns und ging an anderen Tagen zu anderen Familien. Es kamen auch täglich ziemlich viele Bettler bei uns vorbei. Manche von ihnen kamen von weit her, und meine Mutter gab ihnen Reis, Dal und ab und zu auch Kleidungsstücke.

Bevor wir nach Adyar kamen, besuchten mein Bruder und ich viele verschiedene Schulen, von denen die Schule von Madanapalle die angenehmste war. Diese Schule besuchte ich als Kind, denn ich war ja in Madanapalle geboren. Da mein Vater Regierungsbeamter war, wurde er häufig versetzt, und so wurde unsere Ausbildung oft unterbrochen.

Nach dem Tode meiner Mutter verschlechterte sich unsere Situation sehr, denn wir hatten nun wirklich niemanden mehr, der sich um uns kümmerte. In Zusammenhang mit dem Tod meiner Mutter möchte ich noch erwähnen, daß ich sie sehr oft sah, nachdem sie gestorben war. Ich erinnere mich, daß ich einmal ihrer Gestalt folgte, als sie die Treppe hinaufging. Ich streckte meine Hand aus, und es schien, als bekäme ich ihr Kleid zu fassen, aber sie verschwand, sobald wir am Treppenabsatz angekommen waren. Bis vor kurzem hörte ich meine Mutter oft hinter mir, wenn ich zur Schule ging. Ich erinnere mich so genau daran, weil ich den Klang der Kettchen hörte, die indische Frauen an den Handgelenken tragen. Zuerst schaute ich mich halb erschrocken um, und dann sah ich den verschwommenen Umriß ihres Kleides und einen Teil ihres Gesichtes. Das geschah fast täglich, wenn ich das Haus verließ."[1]

---

[1] Jayakar: Krishnamurti, S. 33 f. Autobiografie im Archiv der TG in Adyar

Die Theosophische Gesellschaft

Blavatsky und Olcott, 1888

Um den weiteren Werdegang von Krishnamurti zu verstehen, muss ein kurzer Einblick in die Theosophische Gesellschaft (TG) gegeben werden, die in der Folge die prägende Rolle in seinem Leben spielte.

Sie war von Helena Petrovna Blavatsky (1831-1891), einer gebürtigen Russin, die eine medial veranlagte, tatkräftige, aber auch provozierende Persönlichkeit war, und Colonel Henry Steel Olcott (1832-1907), einem Veteranen des amerikanischen Bürgerkriegs, 1875 in New York gegründet worden. 1882 wurde der Hauptsitz nach Adyar, einem Vorort von Madras (Chennai), verlegt, wo er bis heute ist.

Das Ziel der TG war:

1. Eine universelle Bruderschaft zu bilden, ohne Unterschied von Herkunft, Glaube, Geschlecht und Hautfarbe.

2. Das Studium der vergleichenden Religionswissenschaft, Philosophie und Naturwissenschaften anzuregen.

3. Ungeklärte Naturgesetze und die im Menschen verborgenen Kräfte zu erforschen.

Um Mitglied der Gesellschaft zu werden, musste man lediglich den Glauben an die Brüderlichkeit der Menschen und die Gleichheit aller Religionen bekennen. Aber ihr Herzstück war die Esoterische Abteilung, in die man nur aufgenommen wurde, wenn man seine Aufrichtigkeit und Nützlichkeit für die TG bewiesen hatte. In ihr wurden okkulte, aus verschiedenen Religionen herausgefilterte alte Weisheiten gelehrt.

Die TG entstand als Gegenreaktion auf den Materialismus der Neuzeit und den strengen Dogmatismus der Kirche. Sie entwickelte eine Art Okkultismus, der auf hinduistischen und buddhistischen Traditionen aufbaute, mit einer strengen Hierarchie in der spirituellen Welt, aber auch innerhalb der Organisation. Die Lehre beruht auf dem Reinkarnationsglauben, der besagt, dass die Seele sich durch viele Leben entwickelt und an Vollkommenheit gewinnt. Die Mitglieder bilden eine große Weiße Bruderschaft, die die Welt lenken soll. Nach der Bewährung folgen vier Einweihungen, die in der fünften, der Erlangung der Vollkommenheit, dem Nirvana, gipfeln.

Blavatsky und die anderen beriefen sich auf zwei spirituelle Meister: Moriya und Kuthumi (auch K.H. genannt), die beide anscheinend in Tibet lebten. Es ist aber nicht klar, ob diese beiden Meister überhaupt jemals existiert haben. Nach der theosophischen Vorstellung reisten sie auf der Astralebene, und die bedeutenden Mitglieder konnten mit ihnen kommunizieren. Blavatsky behauptete, viele Monate mit den Meistern in Tibet gelebt zu haben, wo sie von ihrem eigenen Meister Morya die okkulte Lehre erhalten habe.

Über den Meistern steht der Bodhisattva Maitreya, der Weltlehrer, der sich bereits zweimal inkarniert hat, nämlich im Osten als Krishna und im Westen als Christus, die beide Religionen gründeten. Über Maitreya steht Buddha und über diesem Sanat Kumara, ein zeitloser Jüngling, der als Herr der Welt gilt. Hier sieht man deutlich, dass die Lehre der TG eine Vermischung mehrerer Religionen ist. Die TG glaubte, die Menschheit sei reif für eine neue Religion, und Maitreya würde bald wieder herabsteigen, indem er einen geeigneten Menschen als Vehikel benutzen würde. So hatte Blavatsky 1891 einer Gruppe von Anhängern erklärt, dass das eigentliche Ziel der TG darin bestünde, die Menschheit auf die Ankunft des Weltlehrer vorzubereiten.

Frau Blavatsky starb 1891, und Colonel Olcott folgte ihr als Präsident der TG nach. Nach seinem Tod wurde Annie Besant (1847-1933) 1907 Präsidentin der TG. Sie war Britin und eine tatkräftige Persönlichkeit, die sich schon in jungen Jahren für die Menschenrechte, v.a. für die Rechte der Frauen, bessere Lebensbedingungen und Bildung engagiert hatte. 1893 zog sie nach Indien, wo sie Sanskrit lernte, um die heiligen Schriften besser zu verstehen. Später wandte sie sich Indiens Kampf um die Unabhängigkeit, den Reformbewegungen und der Bildung zu. Sie war sehr redegewandt. So wurde auch der junge Jawaharlal Nehru (Indiens späterer Premierminister) von ihren Reden angezogen und Mitglied der TG.

Einer ihrer engsten Vertrauten war der Brite Charles Webster Leadbeater (1847-1934), der mediale Fähigkeiten besaß. Er war anglikanischer Geistlicher und interessierte sich für Esoterik, Okkultismus, Spiritismus, Séancen und Medien, was ihn zur TG führte. Als er unter Blavatksys Einfluss kam, brach er mit der Anglikanischen Kirche und wurde ihr Schüler. Fortan beschäftigte er sich mit übersinnlichen Kräften und der Erforschung der Wiedergeburt. Später betrieb er mit Besant esoterische Studien. Beide behaupteten, dass sie ihre jeweiligen spirituellen Meister (Moriya war Besants und Kuthumi Leadbeaters Meister) in ihren astralen Körpern besuchten und den vierten Rang erreicht hätten.

Annie Besant

1906 wurde Leadbeater homosexueller Beziehungen zu kleinen Jungen bezichtigt, was für viel Unruhe in der TG sorgte. Er reichte seinen Austritt aus der Gesellschaft ein. Danach lebte er fast drei Jahre lang ruhig in England oder auf Jersey, mit gelegentlichen Reisen zum Kontinent, unterrichtete privat und wurde von den vielen Freunden, die er in der TG behalten hatte, finanziell unterstützt.

Als Annie Besant im Juni 1907 mit großer Mehrheit zur Präsidentin gewählt wurde, gelang es ihr nach einer intensiven Kampagne, dass Leadbeater Ende 1908 wieder in die Gesellschaft aufgenommen wurde. Schon bald nahm er eine bedeutende Stellung in der Hierarchie ein und sollte, wie Annie Besant, eine bedeutende Rolle in Krishnamurtis Leben spielen. Sie bat ihn, nach Indien zu kommen, wo sie seine Hilfe benötigte.

Besant und Leadbeater machten es sich zur Aufgabe, den künftigen Weltlehrer zu entdecken. 1907 glaubte Leadbeater bei einer Vortragsreise in den USA, ihn in dem 11jährigen Amerikaner Hubert van Hook entdeckt zu haben. Besant überredete seine Mutter, mit ihrem Sohn nach Indien zu kommen, damit er dort eine spezielle Erziehung genießen konnte. Als er schließlich nach Adyar kam, hatte Leadbeater jedoch Krishnamurti entdeckt, und er war in dieser Rolle nicht mehr gefragt.

Krishnamurti wird als künftiger Weltlehrer entdeckt

Krishnas Eltern hatten eine langjährige Beziehung zur TG, der sein Vater 1882 beigetreten war. Er organisierte zuhause regelmäßige Treffen, und das Foto von Annie Besant hing im Pujaraum.

Krishnamurti berichtet in seiner Autobiografie:

„Adyar war von besonderem Interesse für mich, da mein Vater dort an den Zusammenkünften der Theosophischen Gesellschaft teilnahm. Auch in unserem Haus in Madanapalle hielt er solche Treffen ab, bei denen die theosophische Philosophie gelehrt wurde, und ich kam durch ihn und meine Mutter mit Adyar in Berührung. Meine Mutter hatte einen Puja-Raum, in dem sie regelmäßig betete und meditierte. In diesem Zimmer hingen Bilder der indischen Gottheiten und ein Photo von Mrs. Besant, das sie in indische Gewänder gehüllt und im Schneidersitz auf einer mit einem Tigerfell bedeckten Chowki (einer kleinen Plattform) sitzend zeigte. Ich war meistens zu Hause, während meine Brüder in der Schule waren, denn ich hatte oft Fieber – eigentlich fast täglich –, und ich ging oft um die Mittagszeit in den Puja-Raum, wenn Mutter ihre täglichen Rituale hielt. Oft sprach sie dann mit mir über Mrs. Besant und über Karma und Reinkarnation und las mir aus dem Mahabharata, dem Ramayama und anderen indischen Schriften vor. Ich war erst sieben oder acht Jahre alt, und so verstand ich nicht viel, aber ich glaube, ich spürte schon viele Dinge, die ich damals noch nicht verstehen konnte. [...][1]

Narianiah wurde 1907 mit 52 pensioniert. Er hatte nur eine kleine Rente von 112 Rupien, die Hälfte seines früheren Verdienstes, womit er seine große Familie nicht ernähren konnte.

---

[1] Jayakar: Krishnamurti, S. 33, Autobiografie im Archiv der TG in Adyar

Zudem musste er für seine Schwester, die für ihn den Haushalt führte, und seinen Neffen sorgen. Er bat Annie Besant um eine Anstellung in Adyar und schrieb ihr, dass er Witwer sei, vier Söhne im Alter von fünf bis fünfzehn Jahren habe, und dass seine einzige Tochter verheiratet sei. (Da Krishna das achte Kind war und zwei jüngere Brüder und eine Schwester lebten, müssen neben dem zwanzigjährigen Mädchen vier weitere Kinder gestorben sein.) Er wurde schließlich angenommen, zog am 23.1.1919 nach Adyar und arbeitete als Hilfssekretär in der Esoterischen Abteilung. Da es auf dem Grundstück der TG kein Haus für ihn und seine Familie gab, wurde er in einer kleinen, heruntergekommenen Hütte ohne sanitäre Einrichtungen in der Nähe der TG untergebracht, wobei seine Schwester weiterhin den Haushalt führte. Der älteste Sohn Sivaram, der Arzt werden wollte, besuchte das Presidency College in Madras, während Krishnamurti, noch keine vierzehn, und Nitya, noch keine elf, jeden Tag sechs Meilen zu Fuß zur Pennathur Subramanian High School in Mylapore gingen. Der fünfjährige Sadanand war weder körperlich noch geistig gesund genug, um zur Schule zu gehen, und blieb sein ganzes Leben lang geistig behindert.

Die Schule war für Krishna ein Alptraum. Später, nach seiner Trennung von der TG, erinnerte er sich an nichts mehr aus seiner Kindheit und Jugend und wusste nur das, was andere ihm erzählt hatten. So hinterließ diese Zeit keine Narben in ihm. In seinem Journal schreibt er am 23. September 1973:

„Er [sich selbst meinend] erinnert sich nicht an seine Kindheit, die Schulen und die Schläge mit dem Stock. Später wurde ihm von dem Lehrer, der ihn geschlagen hatte, erzählt, dass er ihn praktisch jeden Tag mit dem Stock schlug und er dann weinte. Bis Schulschluss verwies man ihn hinaus auf die Veranda, und der Lehrer kam dann und sagte ihm, dass er nach Hause gehen solle, sonst stände er wohl immer noch verloren auf der Veranda. Er wurde mit dem Stock geschlagen, sagte dieser Mann, weil er weder lernen noch sich an irgendetwas erinnern konnte, das er gelesen und das man ihn gelehrt hatte."[1]

Am 10. Februar 1909 traf Leadbeater in Adyar ein, kurz nachdem sich Narianiah mit Krishna und seinen Brüdern dort niedergelassen hatte. Er wohnte in einem kleinen Bungalow in der Nähe des Hauptquartiers der TG. Seine Hauptaufgabe bestand darin, die umfangreiche Korrespondenz zu bearbeiten, die aus der ganzen Welt eintraf. Er hatte Johann van Manen, einen jungen Holländer, als Sekretär mitgebracht und war dankbar für die zusätzliche Sekretariatshilfe von Ernest Wood, einem Engländer. Im Zimmer neben Wood lebte der Inder Subrahmanyam Aiyar. Diese beiden Männer halfen Krishna und Nitya bei ihren Hausaufgaben.

Es wurde zur Gewohnheit, dass van Manen, Wood und Subrahmanyam jeden Abend zum Strand hinuntergingen, um im Meer zu baden, wo Krishna und Nitya zusammen mit einigen anderen Kindern, die außerhalb des TG-Geländes lebten, herumplanschten. Van Manen schlug Leadbeater eines Tages vor, mit ihnen zu gehen, da er glaubte, einer der Jungen könnte ihn interessieren. Leadbeater begleitete sie und entdeckte sofort Krishna, der, wie er sagte, die wunderbarste Ausstrahlung hatte, die er je gesehen hatte, ohne einen Funken Egoismus darin. Er sagte Wood voraus, dass der Junge eines Tages ein großer spiritueller Lehrer werden würde. Wood war erstaunt, denn da er Krishna bei den Hausaufgaben half, hielt er ihn für besonders dumm.

Krishnamurti berichtete:

„Als wir nach Adyar kamen, lebten wir zuerst in einem Haus in der Nähe der neuen Druckerpresse. Jeden Tag gingen wir zu Fuß zur Mylapore Highschool. In den frühen Morgenstunden und an den Abenden machten wir unsere Schulaufgaben. Nach einiger Zeit begannen wir, regelmäßig mit einigen anderen

---

[1] Krishnamurti: Journal, S. 35 f.

Jungen aus der Nachbarschaft im Meer zu baden. Bei einer dieser Gelegenheiten, es war im Jahre 1909, trafen wir zum erstenmal meinen lieben Freund und älteren Bruder C.W. Leadbeater. Dieses Zusammentreffen ergab sich ganz zufällig. Soweit ich mich erinnere, war er (Leadbeater) mit Mr. Van Manen und einigen anderen hinunter zum Strand gegangen, um im Meer zu baden. Ich erinnere mich nicht an eine bestimmte Unterhaltung, besonders da ich nicht gut Englisch sprach. Danach trafen wir uns sehr oft, und manchmal lud er uns in sein Haus oder besser gesagt, seinen Bungalow ein. Er lebte damals im sogenannten Flußbungalow.

Als ich ihn zum erstenmal in seinem Zimmer besuchte, hatte ich große Angst, denn die meisten indischen Buben haben Angst vor Europäern. [...] Deshalb war es für uns eine große Überraschung zu sehen, wie anders der Engländer war, der gleichzeitig auch Theosoph war. Schon bald entstand eine tiefe Freundschaft zwischen uns. Mr. Leadbeater half uns regelmäßig bei unseren Lektionen. Einige Zeit später kam Mr. R.B. Clarke, ein junger Ingenieur, nach Adyar."[1]

Kurz nachdem Leadbeater Krishna am Strand gesehen hatte, bat er Narianiah, den Jungen an einem Tag, an dem keine Schule war, in seinen Bungalow zu bringen. Narianiah tat dies. Leadbeater setzte Krishna neben sich, legte seine Hand auf den Kopf des Jungen und begann, sein früheres Leben zu beschreiben. Danach wurden samstags und sonntags die Besuche und Erforschungen seiner vergangenen Leben fortgesetzt, die zunächst von Narianiah, der immer anwesend war, und später von Wood in Kurzschrift niedergeschrieben wurden. Die Ergebnisse seiner Untersuchung veröffentlichte Leadbeater in der Zeitschrift „The Theosophist". Krishna sei, so hieß es dort, teils als Mann, teils als Frau inkarniert gewesen. Leadbeater, Besant, Blavatsky, Nitya und andere hätten immer wieder eine

---

[1] Jayakar: Krishnamurti, S. 39, Autobiographie im Archiv der TG in Adyar

bedeutende Rolle in seinem Leben gespielt und seien so mit ihm über viele Leben verbunden. Er habe sich in verschiedenen Erdteilen inkarniert, auch in Indien, und sei in einem seiner früheren Leben sogar ein Jünger Buddhas gewesen. Er führte das in allen Details aus. Da die genannten Personen nicht immer dasselbe Geschlecht hatten, bekamen sie von Leadbeater die Namen der Sterne. Krishna wurde nach dem hellen Stern der Plejaden Alcyone genannt. Besant war Heracles, Leadbeater Sirius, Nitya Mizar usf. Leadbeater vertrat die Meinung, der Junge sei das Vehikel für den kommenden Maitreya.

In Anbetracht von Leadbeaters homosexuellen Neigungen muss betont werden, dass es nicht Krishnas äußere Erscheinung gewesen sein kann, die ihn anzog. Abgesehen von seinen wundervollen Augen sah der Junge zu dieser Zeit alles andere als attraktiv aus. Er war dünn, unterernährt, mit Mückenstichen übersät, hatte schiefe Zähne, und sein Haar war nach Art der Brahmanen bis zum Scheitel rasiert und hinten zu einem Zopf zusammengebunden. Außerdem hatte er einen leeren Gesichtsausdruck, der ihm ein dümmliches Aussehen verlieh. Leute, die ihn damals kannten, sagten, dass es kaum einen Unterschied zwischen ihm und seinem schwachsinnigen Bruder Sadanand gab.

Krishnamurti schrieb weiter:

„Man holte von meinem Vater die Erlaubnis ein, daß mein Bruder Nitya und ich die Schule verlassen und künftig in Adyar von Mr. Leadbeater und Mr. Clarke unterrichtet werden durften. Bald machten wir größere Fortschritte als je zuvor. Unser Leben begann in geregelten Bahnen zu verlaufen. Früh am Morgen gingen wir hinunter zu Mr. Leadbeaters Bungalow, studierten bis zum Frühstück, das wir zu Hause einnahmen, und kehrten dann zu ihm zurück. Nachmittags spielten wir Tennis oder gingen zum Meer, um schwimmen zu lernen. Mein Vater war sehr erfreut über unsere Fortschritte, und so wurde am 14. August beschlossen, daß wir nicht mehr zur Schule gehen sollten."[1]

Annie Besant stimmte Leadbeater mit Begeisterung zu, dass Krishnamurti das Vehikel des Maitreya sei, und stellte ihre Überzeugung ihr ganzes Leben nie in Frage, auch dann nicht, als er sich von der TG abwandte.

Die Jungen sollten zu englischen Gentlemen heranwachsen, da der englische Gentleman in Leadbeaters Betrachtung den Gipfel der Menschheitsentwicklung darstellte. Sie wurden unter seine Obhut gestellt. Da Krishna ohne Nitya nichts tat, kümmerte er sich fortan um beide. Leadbeater ließ verlauten, er würde von den Meistern immer wieder Anweisungen erhalten, wie die Jungen erzogen werden sollten. Zunehmend versuchte er, sie dem Einfluss ihres Vaters zu entziehen. Narianiah war damit nicht einverstanden, konnte jedoch nichts ausrichten.

Zunächst wohnten sie noch zuhause, wurden dann aber aus der Schule genommen und genossen fortan eine rein westliche Erziehung. Um sie wurde eine Art Schutzwall errichtet. Alles, was sie taten, wurde genau überwacht. Neben Leadbeater unterrichteten sie vier Lehrer: Ernest Wood, Subrahmanyam Aiyar, Don Fabrizio Ruspoli und Russel B. Clarke (Dick genannt), ein Ingenieur, der nach Adyar gekommen war, um Arbeit zu finden, und nun Leadbeater unterstütze. Sie lernten mit Messer und Gabel zu essen, Zahnbürste und Nagelfeile zu benutzen, trugen europäische Kleidung, wurden gedrillt und in Englisch unterrichtet. Ihre Muttersprache Telugu war fortan verpönt. Sie mussten viel Sport machen wie Schwimmen, Fahrradfahren, Tennis, Reiten und Gymnastik und sich gesund ernähren.

Krishna genoss die Aktivitäten im Freien – er war ein geborener Sportler –, aber im Unterricht war er immer noch ein hoffnungsloser Fall. Statt dem Lehrer zuzuhören, stand er am

---

[1] dies.

Fenster und schaute mit offenem Mund ins Unbestimmte. Immer wieder wurde er von Leadbeater aufgefordert, den Mund zu schließen. Er gehorchte, aber er öffnete ihn sofort wieder. Eines Tages wurde Leadbeater so wütend, dass er ihm aufs Kinn schlug. Dies, so sollte Krishna später erklären, beendete ihre vertrauensvolle Beziehung. Sein Mund blieb fortan geschlossen, aber er empfand nie wieder dasselbe für Leadbeater.

Leadbeater, Krishna, Nitya und Clarke, Adyar 1910

Krishna hatte keine Zweifel und Fragen, identifizierte sich mit der Rolle, die von ihm erwartet wurde, und nahm bereitwillig alles in sich auf. Er hatte Visionen von Maitreya und den Meistern und außersinnliche Wahrnehmungen.

Leadbeater kümmerte sich v.a. um die okkulte Ausbildung der Jungen und brachte Krishna des Nachts, während er schlief, in seinem Astralkörper zu Meister Kuthumi, der ihm Instruktionen gab. Das geschah mehrere Monate lang. Krishna schrieb dann am nächsten Morgen die Worte des Meisters auf, an die

23

er sich erinnerte. Dick Clarke und eine Dame aus Adyar bürgten dafür, dass er diese Notizen eigenhändig geschrieben hatte und nur seine Rechtschreibung und Zeichensetzung korrigiert worden war. Sie wurden 1910 in dem kleinen Buch „At the Feet of the Master" (Zu Füßen des Meisters) unter seinem Sternennamen Alcyone veröffentlicht und in zahlreiche Sprachen übersetzt. Er schrieb im Vorwort: „Dies sind nicht meine Worte. Es sind die Worte des Meisters, der mich gelehrt hat."

Im November 1909 kehrte Annie Besant nach längerer Abwesenheit nach Adyar zurück. Krishna traf sie zum ersten Mal. Besant blieb drei Wochen, bevor sie an der theosophischen Versammlung der indischen Sektion der TG in Benares teilnahm, wo sie ein Haus besaß. Krishna und Nitya besuchten sie täglich in ihrem Zimmer, wo sie die beiden im Lesen unterrichtete. Annie Besant wurde für Krishna wie eine Mutter. Ihr Verhältnis beruhte bis zuletzt auf Liebe und Vertrauen. Am 5. Dezember nahm sie die beiden in die Esoterische Abteilung auf. Sie veranlasste, dass die Jungen während ihrer Abwesenheit statt zuhause in ihrem Zimmer schlafen durften.

Am 11.1.1910 erfolgte Krishnas erste Einweihung, der eine intensive Vorbereitung vorausging. Vom Abend des 10. bis zum Morgen des 12. Januar waren Krishna und Leadbeater im Zimmer von Frau Besant, die immer noch abwesend war, eingeschlossen, während Nitya oder Dick Clarke vor der Tür Wache hielten. Clarke berichtete, dass Leadbeater und Krishna „den größten Teil von zwei Nächten und einem Tag von ihren Körpern getrennt blieben und nur gelegentlich zurückkamen, dann aber ausreichend, um die Nahrung (meist warme Milch) aufzunehmen, die wir ihnen am Bett verabreichten".[1] Krishna lag auf dem Bett von Annie Besant und Leadbeater auf dem Boden. Bei der Einweihung wurde Krishna im Astralkörper zu den

---

[1] Clarkes Bericht in: The Australian Theosophist, September 1928

beiden Meistern gebracht, wo er bestimmte Fragen beantworten musste, und dann in die Weiße Bruderschaft aufgenommen.

Besant, Krishna und Leadbeater in der Mitte

Über seine Erfahrung erzählt er:

„Als ich in der ersten Nacht meinen Körper verließ, begab ich mich sofort zum Haus des Meisters, und ich fand ihn dort, zusammen mit Meister Morya und dem Meister Djwal Kul. Der Meister sprach sehr lange und liebevoll mit mir. Er erklärte mir alles über die Einweihung und was ich zu tun hätte. Dann gingen wir alle gemeinsam zum Hause des Maitreya, wo ich schon einmal gewesen war, und fanden dort viele Meister versammelt – den venetianischen Meister, den Meister Jesus, den Grafen, den Meister Serapis, den Meister Hilarion und die beiden Meister Morya und K. H [Kuthumi]. Der Maitreya saß in der Mitte; die anderen standen im Halbkreis um ihn herum. (An dieser Stelle hatte Krishna eine Zeichnung eingefügt, um die Positionen der einzelnen Mitglieder der versammelten Bruderschaft zu illustrieren). Dann nahm der Meister meine rechte Hand und der Meister Djwal Kul meine linke, und sie führten mich vor den Maitreya. Du [Mrs. Besant] und der Onkel [Leadbeater] wart direkt hinter mir. Der Herr lächelte mir zu, aber er sagte zum Meister: ‚Wer ist dieser Junge, den ihr hier zu mir bringt?' Der Meister antwortete: ‚Dies ist ein Aspirant für die Aufnahme in die große Bruderschaft.'

(Die versammelten Meister stimmten seiner Aufnahme in die Bruderschaft zu).

Dann wendete sich der Herr von mir ab und rief in Richtung Shamballas[1]: ‚Tue ich dies, oh Herr des Lebens und des Lichtes, in deinem Namen und für dich?' Und in diesem Moment blitzte der große Silberstern über seinem Kopf auf, und zu beiden Seiten des Sterns sah man eine Gestalt in der Luft – die eine war Gautama Buddha, die andere Mahachohan[2]. Der Maitreya wandte sich wieder um und nannte mich beim wahren Namen meines Egos. Er legte seine Hand auf meinen Kopf und sagte: ‚Im Namen des einen Urhebers, dessen Stern über uns scheint, nehme ich dich in die Bruderschaft des ewigen Lebens auf.'"

[Am nächsten Abend wurde er zu Sanat Kumara geführt.]

„Er ist ein Junge, nicht viel älter als ich, aber der schönste, den ich je gesehen habe, ganz strahlend und herrlich, und wenn er lächelt, strahlt er wie die Sonne. Er ist stark wie das Meer, so daß nichts ihm auch nur für einen Augenblick widerstehen kann, und doch ist er nichts als Liebe, so daß ich nicht im geringsten Angst vor ihm hatte."[3]

Als Krishna aus Frau Besants Zimmer kam, warfen sich alle vor ihm nieder. Kurz danach wurden die beiden Fotos von ihm

---

[1] eine Oase in der Wüste Gobi, wo Sanat Kumara lebte
[2] Mahachohan steht als Oberhaupt noch über den Meistern.
[3] Jayakar: Krishnamurti, S. 45 f., Archiv der TG in Adyar

gemacht. Er erinnerte sich in späteren Jahren an nichts von alldem mehr, nur an das, was andere Leute ihm erzählt hatten.

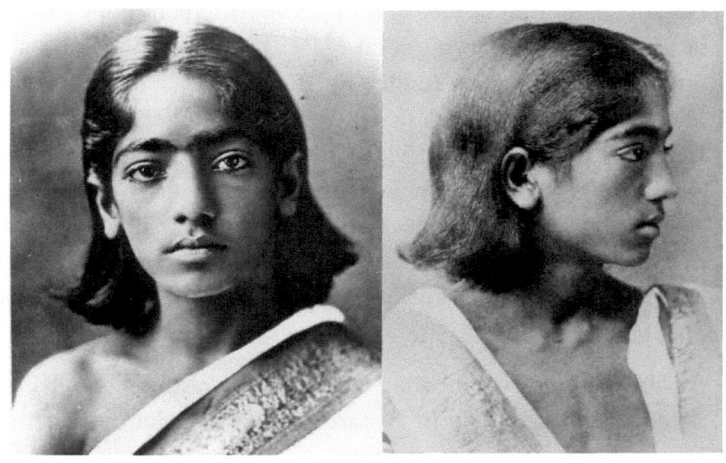

Krishna nach seiner ersten Einweihung, Adyar 1910

Nitya und Krishna, Adyar 1910

Auch Nitya wurde in die TG aufgenommen, aber noch nicht eingeweiht.

Besant setzte durch, dass die Erziehungsberechtigung des Vaters auf die TG überging. Am 6.3.1910 adoptierte sie Krishna und Nitya. Die beiden Jungen durften nun nicht mehr zu ihrem Vater nach Hause gehen und wohnten neben dem Zimmer von Besant in der TG, die im März nach Adyar zurückgekehrt war. Sie wurden weiterhin in Leadbeaters Bungalow unterrichtet. Im September 1910 nahm sie die beiden Jungen mit in ihr Haus in Benares, wo Krishna George Arundale, einen berühmten Theosophen, kennenlernte, der das Hindu College, das Besant dort gegründet hatte, leitete, und freundete sich mit ihm an.

Anfang 1911, am Jahrestag von Krishnas Einweihung, gründete George Arundale in Benares den Orden der aufgehenden Sonne (Order of the Rising Sun), dessen Ziel es war, die Menschen in Indien auf das Kommen des Weltlehrers vorzubereiten. Einige Monate später nahmen Besant und Leadbeater diese Idee begeistert auf und gründeten den „Orden des Sterns im Osten" (The Order of the Star in the East), der mit demselben Ziel international fungieren sollte. Der inzwischen 16jährigen Krishnamurti wurde als Präsident eingesetzt, Besant und Leadbeater dienten als Schirmherren, Arundale als Sekretär. Jedes Land erhielt einen Vertreter. Die Zeitschrift „The Herald of the Star" wurde in Adyar gegründet. Die Mitglieder spendeten Geld, Ländereien und Gebäude. Die Mittel sollten später dem Weltlehrer zur Verfügung stehen. Ziel war es, den Weltlehrer bekannt zu machen und seine künftigen Tätigkeiten vorzubereiten und zu unterstützen.

Es wurden jedoch nicht alle Mitglieder der TG auch Mitglieder des neuen Ordens. Rudolf Steiner und andere Deutsche hielten von dem Kult um den Weltlehrer nichts, wandten sich von der TG ab und gründete 1912 die Anthroposophische Gesellschaft.

Die Jahre in England

Ankunft in London am 5. Mai 1911, Nitya, Besant, Krishnamurti und Arundale

Leadbeater empfing von seinem Meister die Weisung, die Jungen nach England zu schicken. Also reiste Annie Besant mit ihnen und George Arundale im Frühjahr 1911 für etwa vier Monate nach England. Vor der Reise beauftragte sie einen Schneider, westliche Kleidung für die beiden Jungen anzufertigen. Die Gruppe wurde von den englischen Theosophen am 5. Mai enthusiastisch am Charing Cross Bahnhof in London empfangen.

Annie Besant zog mit den Jungen zu ihrer Freundin Esther Bright und deren verwitweter Mutter. Am 8. Mai fand im theosophischen Hauptquartier in der Bond Street eine Versammlung statt, auf der sie auf die Gründung des Ordens des Sterns im Osten verwies. Alle, die sich als Mitglieder einschreiben wollten, sollten ihre Namen George Arundale geben. Lady Emily Lutyans, die Frau von Edwin Lutyans, der als Architekt bei dem Entwurf von New Delhi als Regierungssitz beteiligt war,[1] war eine der ersten, die dies tat, und Besant bat sie, die nationale Repräsentantin des Ordens für England zu werden.

Lady Emily spielte künftig eine mütterliche Rolle in Krishnas Leben. Sie erinnerte sich an einen bitterkalten Maitag bei einer Gartenparty mit den zwei zitternden indischen Jungen, die so verzweifelt und unterkühlt aussahen, dass sie sich danach sehnte, ihre Arme um sie zu legen und sie zu bemuttern.

Den beiden Jungen wurde London gezeigt. Am meisten begeisterte sie das Theater. Sie mochten allerdings nicht durch die Stadt laufen, da ihre neuen Schuhe drückten. Frau Besant nahm sie zu vielen theosophischen Treffen in England und Schottland mit. Sie gab drei Vorträge über das Kommen des Weltlehrers in der Queens Hall in London. Da sie eine begabte Rednerin war, war die Halle überfüllt.

Im August blieben Besant und die Jungen bei den Brights in Esher, Surrey, die dort ein Cottage besaßen. Lady Emily besuchte sie mehrmals und erinnerte sich an die schreckliche Verdauungsstörung, unter der Krishna infolge der strengen Diät litt, die ihm von Leadbeater aufgezwungen worden war, angeblich auf Anweisung von Meister Kuthumi: „Unzählige Gläser Milch mussten während des Tages getrunken werden, und Brei und Eier zum Frühstück. Ich sehe Krishna noch vor mir, wie er nach einer schlaflosen Nacht voller Schmerzen unter dem strengen Blick von Frau Besant sein vorgeschriebenes Frühstück zu sich nimmt. Wie sehr wünschte ich mir, ihm den Teller zu entreißen und sein Inneres zur Ruhe kommen zu lassen. Die Verdauungsbeschwerden mit akuten Schmerzen hielten bis etwa 1916 an."[2] Nitya, weniger fügsam als Krishna, beschwerte sich bei Miss Bright, dass das Essen keine Gewürze enthielt.

---

[1] Mary Lutyens, die Autorin der Krishnamurti-Biografie, ist ihre Tochter.
[2] Lutyens: Candles in the Sun, S. 32

Emily Lutyens (1874-1964)

Leadbeater verkündete, Meister Kuthumi habe ihm mitgeteilt, dass die beiden in England ausgebildet werden und in Oxford studieren sollten.

Die Gruppe fuhr für einen kurzen Aufenthalt zurück nach Indien. Am 28. Dezember 1911, am Ende der Jahrestagung der TG in Benares, verteilte Krishnamurti anlässlich des Theosophischen Kongresses an alle neuen Mitglieder die Mitgliedsurkunden des Ordens des Sterns im Osten. Dabei gerieten einige in Ekstase und warfen sich ihm zu Füßen, während er die Selbstbeherrschung bewahrte. Fortan galt dieser Tag für die Organisation als heiliger Tag.

Vorne Nitya, Mitte Krishna, Besant, Leadbeater,
hinten Arundale und Jinarajadasa, Taormina 1912

1912 stand der lange Aufenthalt in England an. Narianiah hatte
seine Einwilligung nur unter der Voraussetzung gegeben, dass
die Jungen von Leadbeater wegen seiner homosexuellen Neigungen ferngehalten wurden. Besant versprach es. Krishna und
Nitya sollten auf die Aufnahme in Oxford vorbereitet werden,
doch als Narianiah erfuhr, dass die Jungen zuvor nach Taormina auf Sizilien gebracht werden sollten, um ihre zweite Einweihung zu erhalten, wo Leadbeater auf sie wartete, strengte er
einen Sorgerechtsprozess an, um die Erziehungsberechtigung
zurückzuerhalten. Es kam zu einem erbitterten Prozess mit Annie Besant, der nahezu zwei Jahre dauerte und den der Vater
zunächst gewann. Doch Frau Besant verfügte über die nötigen
Mittel und Wege, legte Widerspruch vor dem Privy Councel,

einem parlamentarischen Gremium in London ein, und gewann 1914 doch noch. Für Narianiah war das eine herbe Niederlage. Die Zeit bis zur Entscheidung des Prozesses verbrachten die Jungen in geheim gehaltenen Unterkünften, da Frau Besant eine Entführung befürchtete.

Zehn lange Jahre, von 1912 bis 1922, sollten Krishna und Nitya ihre Heimat nicht wiedersehen.

Krishnamurti berichtet in einem Interview über diese Zeit von sich in der dritten Person:

„Es war ein Gefühl von ungeheurer Tragweite, nicht nur ein Plan, eine Erfindung, sondern ein Gefühl, dass ein großes Ereignis, eine große Sache sich um diesen Jungen herum ereignete. Die Leute sprachen von den Jungen mit dem ganzen theosophischen Jargon über Jüngerschaft und wie der Meister die Schüler behandelte und so weiter und so fort. All das ereignete sich die ganze Zeit um ihn herum, nicht nur für ein paar Tage oder ein paar Wochen, sondern die ganze Zeit. Und offenbar hat der Junge nichts davon mitbekommen.

Er wurde nach Europa gebracht, lebte mit Leuten, der so genannten britischen Aristokratie, Butlern, Yachten, Kleidern, Dienern, Rolls-Royce. Er hat nie geraucht, nie getrunken. Die Mädchen kamen zu ihm, und er wusste nicht, worum es dabei ging. Und so gab es diesen seltsamen Geisteszustand, der sich nicht in ein Schema pressen ließ. Und sie hatten ihn an die Spitze einer Organisation gestellt, dem ‚Orden des Sterns im Osten‘, wo er buchstäblich angebetet wurde. Und vor all dem schreckte er zurück. Er war vage. Er sagte zu jedem: ‚Ich tue alles, was ihr wollt.‘ Das war sein Lieblingsspruch. ‚Ich tue, was ihr wollt.‘ Selbst jetzt passiert das noch manchmal."[1]

---

[1] https://thelifeofkrishnamurti.kfa.org/timelines/timeline-1915-1924/ (15.12.2024)

Diesmal wurden sie von Dick Clarke und C. Jinarajadasa (Raja), einem prominenten Mitglied der TG, als Erzieher begleitet. Am 25. März 1912 reisten sie nach Taormina in Sizilien, wo sie Leadbeater und Arundale trafen. Sie blieben fast vier Monate lang dort und belegten das ganze obere Stockwerk des Hotels Naumachia, wobei Frau Besant von Mai bis Juli bei ihnen war. Während ihres Aufenthalts erhielten Krishna und Raja ihre zweite Einweihung und Nitya und Arundale ihre erste.

Frau Besant reiste daraufhin mit den Jungen und Raja nach England. Raja unterrichtete die Jungen und erwies sich als sehr streng. Auch Arundale war wieder ihr Lehrer. Sie durften ohne ihre Begleitung keinen einzigen Schritt aus dem Haus tun. Lady Emily wohnte mit ihren fünf Kindern in der Nähe, und am Nachmittag wurde Tennis und Schlagball gespielt. Sie kümmerte sich sehr um Krishna.

Die reichen Mitglieder des neuen Ordens beschenkten ihn mit großen Geldsummen, Grundstücken und sogar Villen für seine Mission. Er war in der Wolke der Verehrung und Erwartung, die um ihn veranstaltet wurde, gefangen und beschäftigte sich mit den theosophischen Vorstellungen. Abgesehen davon war er ein ganz normaler Junge, der sich für Sport und Autos interessierte. Er lernte Golf und bekam ein Motorrad, das er liebevoll polierte und an dem er herumschraubte.

Ab Oktober 1913 zahlte die reiche Theosophin Mary Dodge Krishna 500 Pfund pro Jahr auf Lebenszeit und Nitya 300 Pfund während seiner Studienzeit. Dieses Einkommen schien Krishna das Gefühl einer gewissen Unabhängigkeit und den Mut gegeben zu haben, an Leadbeater zu schreiben und darum zu bitten, Raja von seinen Pflichten zu entbinden. „Ich denke, es ist jetzt an der Zeit, daß ich meine Angelegenheiten selbst in die Hand nehme ... Man hat mir keine Gelegenheit gegeben, mich verantwortlich zu fühlen, und ich wurde wie ein Baby herumgeschleppt."[1] Krishna war inzwischen immerhin achtzehn und erwachsen. Raja wurde ausgetauscht, und E.A. Wodehouse nahm seine Stelle ein.

Als 1914 der Krieg ausbrach, meldete sich George Arundale freiwillig beim Roten Kreuz und erhielt eine leitende Stellung im King George Hospital. Auch die beiden Jungen boten ihren Dienst an, doch damals herrschte in England noch Rassendiskriminierung, und Dunkelhäutige in der Pflege in einem Krankenhaus von Weisen waren undenkbar. Nitya erhielt immerhin einen Posten als Meldefahrer beim Roten Kreuz in Frankreich. Krishna wollte ebenfalls nach Frankreich und sich ihm anschließen. Er bestellte sich eine Uniform, doch daraus wurde nichts. Schließlich fand er kurzzeitig Arbeit. In einem Hotel in London sollte ein Krankenhaus neu eröffnet werden, und es musste hergerichtet werden. Er schrubbte zusammen mit Nitya, George und Lady Emily die Böden, kratzte das alte Fett vom Herd und verrichtete andere Arbeiten im Haus. Nach der Eröffnung wurde Krishna allerdings gesagt, dass sein Dienst nicht weiter gefragt war. Oft beklagte er sich brieflich bei Besant über diese Diskriminierung. Sie schrieb ihm zurück, er solle sich lieber dem Studium widmen als in einem Lazarett arbeiten zu wollen.

Beide Jungen wurden in dieser Zeit zunehmend desillusioniert und fühlten sich einsam in der fremden Umgebung in Bude, einem abgelegenen Ort in Cornwell, wo sie in dieser Zeit wohnten. Annie Besant war in Indien. Auch Lady Emily konnte er in dieser Zeit nicht sehen.

Als Wodehouse Ende April 1916 abreiste, verließen die Jungen Bude und zogen zu Miss Dodge, von der sie den erwähnten jährlichen Unterhalt erhielten. Sie war eine reiche Amerikanerin und Freundin von Lady Emily, die viele Aktivitäten der TG finanzierte, und wohnte im großen West Side House in

---

[1] Lutyens: Biographie, S. 37

Wimbledon. Die Jungen mussten sich vornehm kleiden, da sie in einem exklusiven Haushalt lebten, suchten teure Schneider auf, besuchten das Theater und spielten Tennis. Krishna schien nicht mehr den Eindruck zu machen, als würde er die von ihm erwartete Bestimmung als Weltlehrer erfüllen können. Er war zunehmend an Kleidern und Autos interessiert und fühlte sich in der vornehmen Umgebung wohl. Das Interesse an guter Kleidung blieb ihm zeitlebens erhalten.

Die beiden Brüder wurden von Herrn Sanger, einem Privatlehrer, unterrichtet und auf die Aufnahmeprüfung in Oxford im März 1917 vorbereitet. Doch als es dann soweit war und sie sich am Balliol-College in Oxford bewarben, wurden sie wegen des Kults um Krishna und dem Sorgerechtsstreit abgelehnt. Man versuchte es an anderen Colleges in Oxford und Cambridge, doch vergebens. Nun blieb nur noch die Londoner Universität übrig. Obwohl Krishna für die Aufnahmeprüfung im Januar 1918 gelernt hatte, bestand er sie nicht, während Nitya mit Auszeichnung bestand. Nitya studierte in der Folge Jura. Krishna bekam wieder Privatunterricht in allen Fächern. Er versuchte es im September erneut, bestand aber in Mathematik und Latein nicht.

Im folgenden Winter fuhr er täglich von Wimbledon an die Londoner Universität und besuchte Vorlesungen, die ihn nicht interessierten. Schließlich bezog er mit Nitya eine Wohnung in London. Oft waren sie bei Lady Emily zu Besuch, wo es ungezwungen zuging. Er entdeckte die humoristischen Autoren P. G. Wodehouse and Stephen Leacock, las laut aus Piccadilly Jim and Nonsense Novels vor, während er ans Bücherregal im Wohnzimmer gelehnt stand und so laut lachte, dass er kaum die Worte herausbrachte. Er besaß ein ansteckendes Lachen, das er nie verlor. Am Wochenende gingen sie ins Kino und unternahmen andere Freizeitaktivitäten. Es war eine unbeschwerte Zeit.

Im Juni 1919 kam Annie Besant nach England. Seit viereinhalb Jahren hatte sie die Brüder nicht gesehen. Krishnamurti hatte inzwischen das Interesse an der TG und am Orden des Sterns im Osten verloren. Für die anderen war er der erwartete Messias, und wenn er in indischer Kleidung irgendwo erschien, gerieten seine Anhänger in Verzückung. Doch andererseits war es für ihn schwierig, als Inder volle Akzeptanz in der westlichen Gesellschaft zu finden. Es war ein zweischneidiges Schwert. Hier wurde er verehrt, dort von einem Wirt gebeten, das Gasthaus zu verlassen. Auch war die europäische Denkart eine völlig andere. Seine mystischen Erfahrungen wurden seltener. Auch mit Leadbeater gab es Differenzen, denn er nabelte sich allmählich von ihm ab.

Bevor Frau Besant wieder nach Indien zurückkehrte, bat er sie, nach Frankreich gehen zu dürfen, falls seine Aufnahmeprüfung an der Londoner Universität auch zum dritten Mal scheitern sollte. Sie war damit einverstanden. Im Januar 1920 bestand Nitya sein Jura-Examen, und Krishnamurti versuchte zum dritten Mal, an der Universität aufgenommen zu werden. Da er spürte, dass er keine Chance hatte, ließ er leere Blätter zurückgehen.

Kurz darauf trennte er sich von Nitya und ging nach Paris, während Nitya in London eine eigene Wohnung bezog und mit dem Studium des Strafrechts begann. Krishna wohnte bei den Manziarlys, einer großen Familie, die Mitglieder des Ordens des Sterns im Osten waren. Frau Manziarlys unterrichtete ihn in Französisch, nahm ihn zu Ausstellungen und sonstigen kulturellen Veranstaltungen mit und zeigten ihm Paris. Vor ihm tat sich eine neue Welt auf. Er traf Schriftsteller, Tänzer, Maler und Musiker. Mit den Töchtern der Familie machte er gerne Picknicks.

Die Manzierlys behandelten ihn sehr respektvoll, da sie in ihm den kommenden Weltlehrer sahen. Ihm war das peinlich. Er schrieb Lady Emily, dass sie die Meister sehen wollten, während ihm das völlig egal sei. Doch er erzählte ihr auch von einem seltsamen Vorfall:

„Plötzlich, während sie [Frau de Manziarly] erzählte, nahm ich sie und das Zimmer und toute les choses nicht mehr wahr. Es war, als würde ich für eine Sekunde lang ohnmächtig und vergaß, was ich gesagt hatte und bat sie dann zu wiederholen, was ich gesagt hatte. Es ist absolut unbeschreiblich, Mutter. Ich hatte das Gefühl, als würden mir mein Verstand und meine Seele sekundenlang weggenommen, und ich fühlte mich sehr einzigartig, das versichere ich Dir. Frau de Manziarly blickte mich die ganze Zeit über an, und ich sagte, daß ich mich sehr eigenartig fühlte, und dann sagte ich: ‚Oh, das Zimmer ist sehr heiß, nicht wahr?‘ Denn ich wollte nicht, dass sie dachte, daß ich ‚inspiriert‘ war oder etwas in der Richtung, aber dennoch fühlte ich mich echt inspiriert und sehr seltsam ... Ich mußte aufstehen, etwas stehenbleiben und meine Gedanken sammeln. Ich versichere Dir, Mutter, es war das allerseltsamste, sehr sehr seltsam. Im Vertrauen, in der theosophischen Sprache ausgedrückt – es war jemand da, aber ich habe es ihr nicht gesagt."[1]

Leadbeater hatte auf einem theosophischen Kongress im Dezember 1913 in Benares einen 13jährigen Brahmanenjungen namens Rajagopalacharya (Rajagopal) aus Madras kennengelernt, in dem er ebenfalls eine besondere Aura wahrnahm. Er adoptierte ihn, schickte ihn nach London zum Jurastudium, und er bestand die Aufnahmeprüfungen mit Auszeichnung. Krishna und Nitya begegneten Rajagopal dort. Sie standen sich anfangs distanziert gegenüber. Krishna befürchtete, dass der ganze Trubel mit dem Okkultismus in der TG wieder losging, aber später verbesserte sich ihre Beziehung. Krishnas Interesse am Orden des Sterns im Osten erwachte wieder. Er schrieb Leitartikel für den Herald und hielt eine Ansprache bei einem theosophischen Treffen. Auch hörte er einige Philosophie-Vorlesungen an der Pariser Sorbonne und kam mit den Werken von Turgenjew, Dostojewski und Nietzsche in Berührung.

---

[1] dies., S. 46

Krishna und Nitya in Amphion, Frankreich

Anfang Februar 1921 erkrankte Krishna schwer an Bronchitis und erholte sich zusammen mit seinem Bruder in Antibes. Er dachte viel über seine künftige Rolle in der TG nach. Als er nach Paris zurückkehrte, ging es ihm immer noch nicht gut. Madame de Manziarly brachte ihn zu einem befreundeten Naturheilkundler, der ihn auf eine sehr strenge Diät setzte, die er gewissenhaft einhielt. Obwohl Krishnamurti immer Vegetarier blieb und weder Alkohol noch Tee oder Kaffee zu sich nahm, probierte er sein Leben lang immer wieder neue Diäten aus, ohne eine davon lange durchzuhalten. In Alter hatte er fast eine ganze Apotheke von Vitaminen, Pillen und gesunden Lebensmitteln.

Im Mai 1921 wurde bei Nitya ein Schatten auf der Lunge entdeckt. Krishna holte ihn sofort zu sich nach Paris. Derselbe Naturheilkundler verordnete ihm eine strenge Tuberkulosebehandlung. Man mietete ein Haus nahe Paris, wo er völlige Ruhe einhalten sollte. Dies war das Ende von Nityas Weg, Anwalt zu werden.

Annie Besant war im Juli 1921 in Paris beim ersten Kongress des Ordens des Sterns im Osten, der inzwischen 30.000 Mitglieder hatte. Etwa zweitausend nahmen daran teil, auch Nitya. Krishna eröffnete mit ihr zusammen den Kongress auf Französisch. Danach übernahm er die Leitung.

Die Brüder verbrachten den August mit Madame de Manziarly und zwei ihrer Töchter, Lady Emily und ihren Kindern. Auch Rajagopal war dabei. Nitya, der Fieber hatte, führte ein Leben als Kranker, während die anderen jeden Nachmittag Schlagball und abends im Garten unter schallendem Gelächter kindliche Spiele wie Blindekuh, Standbilder und Russisches Geflüster spielten. Krishna widmete sich dem mit ganzem Herzen, als gäbe es für ihn nichts anderes. Nachdem er in seiner Jugend diesen Spaß nicht gehabt hatte, konnte er jetzt nicht genug davon bekommen.

Es wurde beschlossen, dass die Brüder Annie Besant begleiten sollte, wenn sie im Winter nach Indien zurückkehrte. Krishna sollte allmählich den für ihn vorgesehenen Platz in der TG einnehmen. Doch im September ging es Nitya immer noch schlecht, weshalb Krishna ihn mit in die Schweizer Alpen nahm.

Mitte September ließ Krishna Nitya in Villars zurück und fuhr zu Baron van Pallandt, der ihm Schloss Eerde, seinen schönen Stammsitz aus dem frühen achtzehnten Jahrhundert mit einem großen Waldstück in der Nähe von Deventer in Holland, schenken wollte.[1] Auf dem Weg dorthin machte Krishna in Amsterdam Halt, wo er Helen Knothe, ein attraktives amerikanisches siebzehnjähriges Mädchen kennenlernte, die bei ihrer theosophischen holländischen Tante wohnte und Geige studierte. Zum ersten Mal verliebte er sich.

Schloss Eerde bei Ommen in den Niederlanden,
Wikimedia Commons, Foto: MartinD, 2010

Kurz nachdem Krishna nach Villars zurückgekehrt war, wurde beschlossen, dass die Brüder am 19. November von Marseille aus nach Bombay aufbrechen sollten, sofern es Nityas Gesundheitszustand erlaubte. Ende Oktober begleitete Madame de Manziarly Nitya nach Leysin, um einen bekannten Lungenspezialisten zu konsultieren, der Bedenken äußerte, ihn nach Indien reisen zu lassen. In der Zwischenzeit verbrachte Krishna eine Woche bei einem Theosophie- und Sternkongress in Holland. Dort traf er Helen wieder und verliebte sich noch mehr in

---

[1] Später wurde dieses Schloss zum internationalen Hauptquartier des Ordens des Sterns im Osten.

sie. In Paris, am Vorabend seiner Abreise nach Marseille, schrieb er an Lady Emily:

Krishnamuti mit Helen Knothe, 1921

„Ich bin sehr unglücklich, weil ich Dich und Helen auf lange Zeit verlasse. Ich bin schrecklich verliebt, und es ist meinerseits ein großes Opfer, aber da kann man nichts machen. Ich habe das Gefühl, daß ich da drinnen eine schlimme Wunde habe ... Ich glaube zu wissen, daß sie genauso fühlt, aber was kann man denn sonst machen ... Du weißt nicht, wie ich mich fühle. Ich habe das alles vorher nicht gewußt und was es bedeutet ... Genug des müßigen Wünschens – wie es einem die Zeit stiehlt'. Wie unglücklich ist man!! Gott schütze Dich."[1]

Doch diese Beziehung hatte natürlich keine Zukunft.

---

[1] Lutyens: Biographie, S. 51

In Indien und Australien

Im Dezember 1921 kehrten die Brüder nach Indien zurück, um Annie Besant bei ihren Aufgaben in der TG zu helfen. Auch Nitya wurde dabei eine Rolle zugedacht. Sobald sie in Bombay angekommen waren, hatten sie indische Kleidung angezogen. (Krishna trug in Indien immer indische Kleidung und im Westen westliche, um so unauffällig wie möglich zu sein. Aber manchmal zog er sich abends im Westen auch indisch an.) Sie wurden jubelnd empfangen.

In Adyar hatte Frau Besant für sie ein eigenes Zimmer mit Veranda auf dem Dach eines Hauses errichten lassen, das mit dem Gebäude des Hauptquartiers verbunden war, in dem sie selbst wohnte, mit der besten Aussicht auf den Fluss Adyar bis zu seiner Mündung ins Meer. Krishna hielt Adyar für den schönsten Ort überhaupt und fand es besonders reizvoll, bei Sonnenuntergang durch die Palmenhaine zum Meer zu spazieren. Er sah sein Heimatland nun mit anderen Augen. Doch es war ihm auch teils entfremdet.

Die beiden Brüder besuchten ihren Vater, der in all den Jahren keinerlei Kontakt mit ihnen gehabt hatte. Sie sprachen Englisch mit ihm, da sie ihre Muttersprache Telugu nahezu vergessen hatten. Die Freude war riesig. Sie besuchten ihn noch ein paar Mal, bevor sie wieder auf große Reisen gingen. Narianiah starb 1924.[1]

Die Brüder verbrachten nur dreieinhalb Monate in Indien. Sie reisten in verschiedene Landesteile, u.a. auch nach Benares. Krishna hielt einige Reden über den kommenden Weltlehrer und sagte: „Er wird nicht das sagen, was wir hören wollen, noch wird er unsere Gefühle hätscheln, was wir so mögen. Im

---

[1] Sein geistig behinderter Sohn Sadanand lebte nach seinem Tod bei seinem ältesten Sohn Sivaram und starb 1948. Sivaram, der Arzt geworden war, starb 1952 und hinterließ vier Söhne und vier Töchter.

Gegenteil, er wird uns alle aufwecken, ob uns das gefällt oder nicht."[1]

Im April 1922 reisten Krishna und Nitya mit dem Schiff von Colombo nach Sydney in Australien zu einem theosophischen Kongress. In Colombo war es unerträglich feucht-heiß. Nitya hustete wieder und fühlte sich auf der ganzen Reise unwohl. In Fremantle erhielt Krishna ein Telegramm, in dem er von den Brüdern des Ordens des Sterns im Osten willkommen geheißen wurde.

Er schrieb an Lady Emily:

„Mir läuft es kalt den Rücken hinunter. Hier gibt es Leute, die darauf warten, uns willkommen zu heißen. Hast Du das schon mal gehört – mich willkommen heißen – und ich wünschte, ich wäre sonstwo ... so wird das mein ganzes Leben lang sein. Oh Herr, was habe ich getan ... Oh, wie ich das alles hasse!"[2]

Doch er ließ sich nichts von seinem Überdruss anmerken. In Perth musste er zwei Reden halten. Er schrieb:

„Ich wollte niemals sprechen. Die Leute waren alle so angetan von dem, was ich sagte, und dankten mir dafür. Du weißt nicht, wie ich das Ganze verabscheue, – die Leute, die herkommen, um uns zu treffen, die Zusammenkünfte und diesen andächtigen Kram. Das widerspricht alles meinem Wesen, und ich bin nicht geeignet für diesen Job."[3]

Leadbeater holte sie an den Docks von Syndey ab, und Krishna sah nach vielen Jahren seinen alten Mentor wieder war. Er war 1922 vom Londoner Bischof James Ingall Wedgewood zum Bischof der Liberal Catholic Church[4] in Australien geweiht

---

[1] Lutyens: Biographie, S. 52
[2] dies.
[3] dies.
[4] Die Liberal Catholic Church (Liberalkatholische Kirche) entstand aus der Altkatholischen und Jansenitischen Kirche und wurde vom britischen und ehemals anglikanischen Theosophen J.I. Wedgewood,

worden. Leadbeater hatte in Australien mit vielen Jungen zu tun und wurde erneut des sexuellen Missbrauchs beschuldigt. Er trug eine lange rote Soutane, ein Brustkreuz und einen Bischofsring und verbrachte die meiste Zeit damit, Gottesdienste zu halten, die Krishna missfielen. Er nahm aus Höflichkeit daran teil und schlief fast ein vor Langeweile.

Nitya schrieb über Leadbeater:

„Er ist ganz unverändert, abgesehen davon, daß er milder geworden ist ... ganz so wie in Adyar nimmt er alles als selbstverständlich hin, zweifelt niemals, zieht niemals in Betracht, daß irgend jemand zweifeln könnte."[1]

Nitya ging in Sydney zu einem Arzt, der seine Lunge röntgte. Er fand heraus, dass nicht nur der linke Lungenflügel betroffen war, sondern inzwischen auch der rechte. Er riet ihm, sofort zur Behandlung in die Schweiz zu fahren. Da die Reise über Indien zu heiß war, wurde beschlossen, über San Francisco zu reisen und in Ojai, Kalifornien, in der Nähe von Santa Barbara, 80 Meilen von Los Angeles entfernt, eine längere Pause einzulegen, wo ein warmes und trockenes Klima herrschte, das für Nityas Gesundheit ideal war. Albert Powell Warrington, der Generalsekretär der TG in Amerika, der zum Kongress nach Sydney gekommen war, reiste in sein Heimatland zurück und begleitete sie. Mary Gray, eine Freundin von ihm, war bereit, den Brüdern für drei bis vier Monate in Ojai ein Cottage zu vermieten.

Bevor sie die Reise antraten, empfing Leadbeater folgende Nachricht von Meister Kuthumi, die er an Krishna weitergab:

---

der 1916 zum Bischof geweiht worden war, in England gegründet. Sie beansprucht die apostolische Sukzession, hat den katholischen Ritus und die Sakramente übernommen, verbindet dies aber mit freiheitlicherem Denken, v.a. dem theosophischen Gedankengut des Glaubens an die Reinkarnation und der Einheit allen Lebens.
[1] Lutyens: Biographie, S. 53

„Wir setzen auch in Dich die höchsten Hoffnungen. Festige und vertiefe Dich und versuche, Verstand (mind) und Gehirn (brain) immer mehr zum Diener des wahren inneren Selbstes zu machen. Sei tolerant abweichenden Methoden und Ansichten gegenüber, denn jede hat für gewöhnlich ein Stück Wahrheit in sich verborgen, obgleich oftmals so verzerrt, daß man sie nicht wiedererkennt. Suche nach dem winzigsten Lichtschimmer in der stygischen Dunkelheit eines jeden unwissenden Geistes, denn indem Du diesen entdeckst und hegst, kannst Du einem noch sehr jungen Bruder helfen."[1]

Krishna kommentierte: „Das war genau das, was ich wollte, da ich dazu neige, intolerant zu sein und mich nicht um den Bruder zu kümmern."[2]

---

[1] dies.
[2] dies.

Die Erweckung der Kundalini

Krishna und Nitya trafen am 6.7.1922 im Tal von Ojai ein und bezogen das Pine Cottage, das von viel freiem Land mit Orangen- und Avocadohainen umgeben war und am östlichen Rand des Tales lag. Krishnamurti war sehr von Ojai angetan und von den Leuten. Hier in Amerika begegneten sie keiner Rassendiskriminierung wie in Europa.

Die beiden Brüder lebten allein in dem Cottage. Eine Frau bereitete das Frühstück für sie zu und kochte das Mittagessen. Um das Abendessen kümmerten sie sich selber. Warrington lebte in einem anderen Cottage in der Nähe.

In den ersten Wochen ging alles gut. Sie schwammen im Fluss, ritten in die Berge und genossen ihre Freiheit und dass niemand etwas von ihnen wollte. Da begann Nitya wieder zu husten und hatte Fieber. Krishna war besorgt. Ihm war nicht wohl dabei, dass er allein mit ihm war, besonders da Nitya gereizt reagierte, wenn er ihm zur Ruhe riet. Zu dieser Zeit hatte Frau Gray einen Gast, die 19jährige Rosalind Williams, die gern bereit war, sich um den Kranken zu kümmern. Sie hatte ein freundliches Wesen, hielt Nitya bei Laune und war die geborene Krankenschwester.

Viele Leute hatten Nitya dazu gedrängt, sich mit dem von Dr. Albert Abrams erfundenen elektrischen Apparat behandeln zu lassen, der, wie Abrams behauptete, in der Lage war, mit wenigen Blutstropfen viele Krankheiten, einschließlich Tuberkulose, zu diagnostizieren und zu heilen. Die Brüder beschlossen, diese Methode auszuprobieren, und schickten einige Tropfen von Nityas Blut auf einem Stück Löschpapier an einen Schüler von Dr. Abrams nach Los Angeles, ohne weitere Angaben als den Namen zu machen. Zwei Tage später kam der Befund: TB in der linken Lunge, den Nieren und der Milz. Warrington gelang es, eines der seltenen Geräte, einen schwarzen Kasten namens Oscilloclast, zu mieten, und Nitya saß mehrere Stunden am Tag mit Platten an den betroffenen Stellen, die mit elektrischen Drähten verbunden waren, da, während Krishna ihm O. Henry und das Alte Testament vorlas. Der Inhalt der Box war ein gut gehütetes Geheimnis. Die Maschine tickte wie eine laute Uhr, verursachte aber keine körperliche Empfindung.

Die Nachricht von Meister Kuthumi beschäftige Krishna sehr. Er wollte seine alte Verbundenheit wieder aufleben lassen. Dafür bot die Ruhe des Cottage und seine Isoliertheit gute Bedingungen. Er begann regelmäßig zu meditieren, zunächst 35 Minuten in der Frühe und 10 Minuten am Abend. Am liebsten tat er das unter dem Pfefferbaum im Garten. Es begann eine Zeit intensiver spiritueller Entwicklung, der seinem Leben eine Wende gab. Was er erlebte, war das, was die Yogis unter der Erweckung der Kundalini verstehen. Kräfte traten plötzlich zutage, die schwer zu kontrollieren waren. Es begann mit einer walnussgroßen Beule an Krishnas Genick. Am folgenden Tag lag er krank im Bett, warf sich unruhig hin und her, zitterte am ganzen Leib, ballte die Fäuste und knirschte mit den Zähnen. Er klagte über eine unerträgliche Hitze im Körper und stöhnte vor Schmerzen. Zeitweise verlor er das Bewusstsein, hatte seltsame Visionen und war nicht bei sich. Er sprach mit unsichtbaren Wesen, die seinen Körper reinigten, wie er sagte, was sehr quälend war. Er sprach auch von sich als jemand anderer und bat die Anwesenden, sie mögen auf diesen anderen Krishna aufpassen. Manchmal hielt er Rosalind für seine Mutter. Er war äußerst licht- und reizempfindlich. Nitya und Warringten waren sehr um ihn besorgt. Rosalind versuchte alles, um Krishna zu beruhigen.

Krishna schrieb folgendes über seine Erfahrungen:

„Am 17. August spürte ich starke Schmerzen im Nacken, und ich mußte meine Meditation auf fünfzehn Minuten reduzieren. Aber statt sich zu bessern, wie ich gehofft hatte, verschlimmerte sich mein Zustand noch. Am 19. erreichten die Schmerzen ihren Höhepunkt. Ich konnte weder denken noch irgend etwas tun, und meine Freunde hier zwangen mich, zu Bett zu gehen. Ich wurde halb bewußtlos, obwohl ich gleichzeitig alles wahrnahm, was um mich herum geschah. Ich kam jeden Tag erst gegen Mittag zu mir.

Am ersten Tag, an dem ich mich in diesem Zustand befand und mir der Ereignisse um mich herum noch bewußter war, hatte ich das erste außergewöhnliche Erlebnis. Da war ein Mann, der die Straße ausbesserte; dieser Mann war ich selbst; ich war auch die Spitzhacke in seiner Hand; die Steine, die er damit brach, waren Teil von mir; der zarte Grashalm neben der Straße war mein innerstes Wesen, und auch der Baum, neben dem der Mann arbeitete, war ich selbst. Ich konnte fast fühlen und denken wie der Straßenarbeiter, und ich konnte den Wind spüren, der durch den Baum strich, und die kleine Ameise, die auf dem Grashalm saß. Die Vögel und der Staub und alle Geräusche waren Teil von mir. In diesem Moment fuhr in einiger Entfernung ein Auto vorbei; ich war der Fahrer, der Motor und die Reifen. Als sich das Auto entfernte, entfernte ich mich von mir selbst. Ich war in allem oder, besser ausgedrückt, alles war in mir, alle belebten und unbelebten Wesen und Dinge, der Berg, der Wurm und alles, was atmete. Ich verweilte den ganzen Tag in diesem glücklichen Zustand. Ich konnte nichts essen. Gegen sechs Uhr abends begann ich wieder meinen physischen Körper zu verlieren, und die Naturkräfte wirkten ungehindert; ich war halb bewußtlos.

Am nächsten Morgen [dem 20.] fühlte ich mich fast ebenso wie am Tag zuvor. Ich aß den ganzen Tag über nichts und konnte es kaum ertragen, wenn mehrere Menschen im Zimmer waren. Ich spürte ihre Gegenwart auf eine seltsame Weise, und ihre Schwingungen gingen mir auf die Nerven. Gegen sechs Uhr an diesem Abend begann ich mich schlechter zu fühlen als je zuvor. Ich wollte niemanden um mich haben; niemand durfte mich berühren. Ich fühlte mich furchtbar müde und schwach. Ich glaube, ich weinte vor Erschöpfung. Mein Kopf fühlte sich gar nicht gut an. Es war ein Gefühl, als ob viele Nadeln durch meine Schädeldecke gestochen würden. […]

Allmählich wurde ich etwas ruhiger. Ich kam langsam zu mir. Mr. Warrington meinte, ich solle zu dem Pfefferbaum gehen, der in der Nähe des Hauses steht. Ich setzte mich im Lotossitz unter den Baum. Nachdem ich eine Weile so gesessen hatte, spürte ich, wie ich meinen Körper verließ. Ich sah mich selbst unter dem Baum sitzen, dessen zarte, feine Blätter über mir herabhingen. Mein Körper war nach Osten gewandt. Über meinem Kopf sah ich hell und klar den Stern. Plötzlich konnte ich die Schwingung des Buddha spüren; ich sah Maitreya und Meister K.H. Ich war sehr glücklich und zufrieden. Ich sah meinen Körper noch immer unter mir. Ich schwebte, und in mir war eine Stille wie auf dem Grund eines unermeßlich tiefen Sees. Wie der See erschien mir auch mein Körper unermeßlich tief und unergründlich. Ich spürte, daß mein Wesen mit seinen Gedanken und Gefühlen nur an der Oberfläche bewegt werden konnte – nichts, absolut nichts, konnte jemals die Ruhe meiner Seele stören. Für eine Weile spürte ich wieder die Gegenwart der mächtigen Wesen, dann waren sie verschwunden.

Ich war sehr, sehr glücklich, denn ich hatte gesehen. Nichts würde mehr sein wie zuvor. Ich hatte von den klaren, reinen Wassern der Quelle des Lebens getrunken, und meine Seele hatte Frieden gefunden. Ich werde nie mehr dürsten, nie mehr in völliger Dunkelheit wandeln. Ich habe das Licht gesehen. Ich habe die allumfassende Liebe gespürt, die alle Not und alles Leiden heilt. Es ist nicht für mich selbst, es ist für die Welt. Ich habe auf dem Gipfel des Berges gestanden und die mächtigen Wesen gesehen. Ich kann nie wieder in absolute Dunkelheit zurückfallen; ich habe das herrliche und heilende Licht gesehen. Die Wahrheit der Quelle hat sich mir offenbart und die Dunkelheit zerstreut. Die Liebe in all ihrer Herrlichkeit hat mich trunken gemacht; mein Herz kann sich nie wieder verschließen. Ich habe von der Quelle der Freude und ewigen Schönheit getrunken. Ich bin trunken von Gott!"[1]

Solche Erfahrungen wiederholten sich nun fast regelmäßig, wenn er abends unter dem Pfefferbaum meditierte. Rosalind und Warrington mussten ständig auf ihn Acht geben, da er oft weglaufen wollte oder hinfiel. Seine Schmerzen, v.a. in der Wirbelsäule, später im Gesicht, und das Hitzeempfinden im Körper waren oft unerträglich, und er wurde oft ohnmächtig. Er durchlebte frühere Stationen seines Lebens und sprach oft mit unsichtbaren Wesen. Dies dauerte von August 1922 bis November 1923. Ausführliche Berichte davon wurden an Annie Besant geschickt. So schrieb etwa Nitya:

„Die Phänomene waren sehr intensiv und begannen jeden Abend gegen sechs Uhr. Sie dauerten eine bestimmte Zeit an und endeten meistens um die gleiche Zeit, etwa gegen acht Uhr. An manchen Tagen dauerte der Zustand bis neun Uhr an."[2]

Besant und Leadbeater schrieben diese Erfahrung seiner dritten Einweihung zu, konnten sich aber den „Prozess", wie Krishna selbst es nannte, nicht erklären. Krishna glaubte, diese Erfahrungen seien dazu gedacht, ein würdiges Vehikel für Maitreya zu werden.

Im folgenden Februar ergab sich die Gelegenheit, das Land mit dem Pine Cottage und einem großen Haus zu kaufen. Miss Dodge gab Krishna Geld dafür. Er nannte das große Haus Arya Vihara, Kloster der Edlen.

Ab Anfang 1923 begann Krishna, von Ojai aus hart zu arbeiten, schrieb Dutzende von offiziellen Briefen, seinen monatlichen Beitrag für den Herald, reorganisierte den Orden des Sterns im Osten in Kalifornien, hielt Vorträge in der Nachbarschaft und

---

[1] Jayakar: Krishnamurti, S. 59 f., Archiv der TG in Adyar
[2] dies, S. 60

sammelte Geld für eine Schule in Indien. Nitya fungierte als sein Sekretär.

Krishnamurti und Nitya in Ojai, 1924

Im Mai 1923 reisten die beiden Brüder durch die USA. Nitya wurde irrtümlich wieder für geheilt gehalten. Im Juni fuhren sie für einige Zeit nach Europa, wo Krishna Helen Knothe wiedersah. Sie trafen sich noch weitere Male und schrieben sich Briefe, doch in den frühen 30ern heiratete sie.

Die Brüder verbrachten mit einer Gruppe Freunden einen siebenwöchigen unbeschwerten Urlaub in den Tiroler Alpen mit

Bergwandern, Schlagball und Picknicks. Danach kehrten sie wieder nach Ojai zurück. Dort setzten die Schmerzen und Visionen wieder ein. Zum Schluss hatte Krishna Visionen von Buddha, Maitreya und anderen Meistern. Man kann sich vorstellen, dass die Theosophen dies als eine Vorankündigung des baldigen Wirkens des Weltlehrers betrachtet haben.

1948 machte Krishna in Ootacamund, Südindien, nochmals eine ähnliche intensive Erfahrung, und zeitlebens wiederhole sie sich in geringerem Ausmaß. Als er sich von der TG losgesagt hatte und eigenständig lehrte, lehnte er jedoch jede Technik zur Erweckung der Kundalini ab und ging so weit zu sagen, dass Meditationen und Yoga-Übungen zu diesem Zweck unnütz seien.

Nitya stirbt

Georges und Rukmini Arundale

Die Entwicklung der TG, die sich vor einem großen Durchbruch wähnte, hatte inzwischen äußerst bizarre Formen angenommen. Der 41jährige George Arundale hatte die erst 16jährige Rukmini geheiratet, was viel Wirbel in der TG verursacht hatte. Er hatte mit ihr eine Weltreise unternommen und war anschließend in Huizen in den Niederlanden, wo das Zentrum der Liberalkatholischen Kirche in Europa war, zum Bischof dieser Kirche für Indien geweiht worden. Eigentlich hätte Leadbeater dem zustimmen müssen, doch Arundale meinte, er habe die Zustimmung auf der Astralebene erhalten.

Annie Besant and Krishnamurti, Ojai 1927

Er widmete sich nun esoterischen Aktivitäten wie Initiationen und Astralreisen und übermittelte völlig abstruse Botschaften von Meistern aus der Astralebene. So hatte er nach eigenen Angaben eine Liste der künftigen zwölf Apostel des Weltlehrers erhalten, unter denen Besant, Leadbeater, er selbst, Wedgwood, Nitya, Emily Lutyens, Rajagopal und einige andere waren. Annie Besant stimmte dem allem zu und glaubte, die letzte Einweihungsstufe erreicht zu haben und eine neue Weltreligion gründen zu müssen. Zudem sollte eine Weltuniversität mit Besant als Vorstand, Arundale als Rektor und Wedgewood als Leiter entstehen. Auch Nitya sollte in der Hierarchie der TG eine Rolle spielen.

Krishna bekam erst später von diesem Possenspiel mit und war bestürzt. Er betrachtete die Einweihungen, Apostel und die

Gründung einer neuen Weltreligion und Weltuniversität skeptisch und war nicht bereit mitzuziehen. Da er jedoch die inzwischen alte Annie Besant nicht kränken wollte, übte er seine Kritik nicht öffentlich.

Im November 1925 reiste Krishna mit Besant, Rajagopal, Rosalind, Wedgewood, Shiva Rao, George und Rukmini Arundale und Emily Lutyens nach Indien, um an der Jubiläumsfeier zum 50. Jahrestag der TG in Adyar teilzunehmen. Nitya blieb in Ojai zurück. Krishna hatte gezögert, den kranken Bruder unter der Pflege von Madame de Manziarly zurückzulassen, die eigens nach Ojai gekommen war, um sich um ihn zu kümmern. Er hatte sich mit den Meistern auf der Astralebene in Verbindung gesetzt, von dort aber die Zusicherung erhalten, er könne unbekümmert reisen. Auch ging es Nitya in dieser Zeit etwas besser.

Krishna berichtete Besant von einem Traum:

„Ich erinnere mich, daß ich im Traum zum Hause des Meisters ging und bettelte und bat, er möge Nitya gesund werden lassen. Der Meister sagte, ich müsse zu Maitreya gehen. Ich ging also zu Maitreya und brachte mein Anliegen vor, aber ich gewann den Eindruck, daß es nicht seine Angelegenheit war und daß ich zu Mahachohan gehen müsse. Also ging ich dorthin. Ich erinnere mich ganz deutlich an alles. Er saß auf seinem Thron, sehr würdevoll, und strahlte ein allumfassendes Verstehen aus. Er sah mich ernst und doch gütig an. Meine unzulängliche Beschreibung wirkt absurd, aber es ist unmöglich, diese Eindrücke mit Worten zu beschreiben. Ich sagte zu ihm, ich sei bereit, mein ganzes Glück oder was auch immer von mir gefordert würde, für Nityas Leben zu opfern, denn ich spürte, daß dies der Augenblick war, in dem über diese Angelegenheit entschieden wurde. Er hörte mich an und sagte dann: ‚Er wird gesund werden.' Es war eine solche Erleichterung für mich, daß all meine Angst und Anspannung nun verflogen sind. Ich bin sehr glücklich. Ich weiß nicht, was in Hinblick auf meine eigene

Vorbereitung beschlossen wurde, aber ich bin bereit, alles zu tun, was verlangt wird. Es war eine harte Zeit, und ich fühle mich sehr müde und ziemlich schwach, aber daran ist jetzt nichts zu ändern."[1]

Am 8. November 1925 begab sich die Gruppe auf ein Schiff, das von Neapel nach Colombo fuhr. Die beiden Bischöfe Arundale und Wedgewood, die vornehm in ihre roten Soutanen gehüllt waren, setzten Krishna unter Druck, indem sie ihm einreden wollten, die Meister würden seinen Bruder nur dann schützen, wenn er sie als seine Apostel anerkennen würde.

Nityas letztes Telegramm

Krishna glaubte bis zuletzt, dass die Meister im Astralleib Nitya beschützen würden. Auf dem Schiff erhielt er von Nitya ein beunruhigendes Telegramm, er habe sich eine schwere Grippe zugezogen. Am 13. November, als das Schiff bei Gewitter in

---

[1] Jayakar: Krishnamurti, S. 79, Archiv der TG in Adyar

den Suezkanal einfuhr, bekam er ein weiteres Telegramm, dass Nitya gestorben war.

Shiva Rao, der mit Krishnamurti seine Kabine teilte, berichtete von dessen Reaktion auf die Nachricht:

„Mrs. Besant bat mich, sie zu Krishnamurtis Kabine zu bringen. Sie ging alleine hinein, um mit ihm zu sprechen. Die Nachricht ließ ihn völlig zusammenbrechen, ja mehr als das: In diesem Moment wurde seine gesamte Lebensphilosophie – der blinde Glaube an die Zukunft, wie sie ihm von Mrs. Besant und Leadbeater aufgezeigt worden war und an die Rolle, die Nitya darin spielen sollte – zerstört. Nachts schluchzte und stöhnte er, rief Nityas Namen; manchmal in seiner Muttersprache Telugu, die er gewöhnlich nicht sprach. Er schien sich täglich zu verändern, versuchte, sich wieder unter Kontrolle zu bringen und sich dem Leben aufs neue zu stellen – ohne Nitya."[1]

Krishnamurtis Vertrauen in die TG und die Meister auf der Astralebene hatte dadurch schweren Schaden erlitten, und er stellte zunehmend seine ganze Weltanschauung in Frage, v.a. aber sein Vertrauen in die Meister. Trotzdem fing er sich wieder. Als die Gruppe in Ceylon und später in Indien ankamen, war keine Spur von Trauer zu erkennen. Vielmehr strahlte sein Gesicht.

Er schrieb:

„Als mein Bruder starb, fühlte ich mich völlig verloren. Ihr könnt euch nicht vorstellen, wie ich mich an den ersten zwei oder drei Tagen – nein, in der ersten Woche nach seinem Tode – fühlte. Ich vermisse ihn auch heute noch. Seine physische Gestalt werde ich immer vermissen, aber ich spüre, daß wir beide zusammenarbeiten, daß wir den gleichen Weg gehen, auf der gleichen Seite des Berges, daß wir die gleichen Blumen sehen, die gleichen Geschöpfe, den gleichen blauen Himmel, die

---

[1] dies., S. 80, Manuskript von B. Shiva Rao: The Krishnamurti-Story, o.J.

58

gleichen Wolken und Bäume. Deshalb fühle ich mich, als wäre ich ein Teil von ihm. Nur wenn ich müde werde, sage ich: ,Mein Bruder ist nicht hier.' Aber im gleichen Augenblick richtet mein Bewußtsein mich wieder auf und sagt mir, wie absurd ein solcher Gedanke ist."[1]

---

[1] dies., S. 81, Archiv der TG in Adyar

Der Weltlehrer ist hier

Das Treffen in Adyar war für Krishnamurti verwirrend. Leadbeater war mit siebzig seiner Anhänger aus Australien angereist. In der TG gab es jetzt zwei rivalisierende Gruppen: die eine um Arundale, die andere um Leadbeater, der die künftigen Apostel nicht anerkennen wollte. Annie Besant war nicht in der Lage, zwischen den beiden Gruppen zu schlichten. Krishna wurde gefragt, ob er Leadbeater, Jinarajadasa, Arundale, Wedgewood und einige andere als seine Apostel anerkennen würde. Er erwiderte, er erkenne niemanden an außer Besant.

Am 28.12.1925 sprach Krishnamurti vor der Versammlung des Ordens des Sterns im Osten, die dem Theosophischen Kongress folgte, vor über dreitausend Anwesenden über den kommenden Maitreya. Zunächst sprach er von ihm in der dritten Person und wechselte dann in die erste Person. „Er kommt nur zu jenen, die Willens sind, die dürsten, die suchen." Und dann plötzlich: „Ich komme zu jenen, die Freundschaft suchen, die glücklich sein wollen, die sich danach sehnen, das Glück in allen Dingen zu finden. Ich komme, um zu transformieren, nicht, um niederzureißen; ich komme nicht, um zu zerstören, sondern um aufzubauen."[1] Dabei veränderte sich auch seine Stimme. Für die Mitglieder war klar, dass der Maitreya seinen Körper zu benutzen begann und sich manifestierte. Das sahen auch Besant und Leadbeater so.

Als er 1928 einmal direkt gefragt wurde, ob er der Weltlehrer sei, antwortete er: „Ich bin überzeugt, daß es ein ewiges Leben gibt, das Ursprung und Ziel ist, Anfang und Ende, und doch ohne Ende und Anfang ist. In jenem Leben allein gibt es Erfüllung. Und jeder Mensch, der jenes Leben erfüllt, besitzt den Schlüssel zur Wahrheit ohne Grenzen. Jenes Leben ist für alle Menschen da. In jenes Leben sind Buddha und Christus

---

[1] Jayakar: Krishnamurti, S. 82

gegangen. Aus meiner Sicht habe ich jenes Leben erreicht, bin darin eingegangen. Jenes Leben besitzt keine Form, so wie auch die Wahrheit keine Form, keine Grenzen besitzt. Und jenes Leben muß jeder Mensch erreichen."[1] Diese Antwort blieb vage.

In dieser Zeit erholte sich Krishnamurti in Ootacamund einmal von einer Lebensmittelvergiftung. Er berichtet von seinem Versuch, sich vom Körper zu lösen:

„Während dieser Zeit experimentierte ich mit mir selbst. Ich versuchte – anfangs nicht sehr erfolgreich – herauszufinden, wie ich mich loslösen und den Körper getrennt von mir als das sehen könnte, was er ist. Ich hatte etwa zwei oder drei Tage – vielleicht auch eine Woche – damit experimentiert, als ich feststellte, daß ich für eine bestimmte Zeitspanne meinen Körper ganz leicht verlassen und ihn betrachten konnte. Ich stand neben dem Bett, und der Körper lag auf dem Bett – ein unbeschreibliches Gefühl. Von diesem Tag an war in mir ein klares Gefühl der Losgelöstheit. Ich spürte die Trennung zwischen dem Herrn und dem Sklaven, und obwohl der Körper seine Sehnsüchte hat, den Wunsch, umherzustreifen, zu leben und zu genießen, kann er das wahre Selbst nicht im geringsten beeinflussen."[2]

Im Mai 1926 reiste Krishnamurti mit Rajagopa und Rosalind nach Europa. Rajagopal hatte den Part von Nitya als sein Sekretär im Orden des Sterns im Osten übernommen und kümmerte sich um die Finanzen. Ab dem 3. Juni fand ein dreiwöchiges Treffen auf Schloss Eerde statt, das jetzt als Zentrale des Ordens des Sterns fungierte. Im Schloss wurden sanitäre Einrichtungen installiert, denn früher gab es dort nur Öllampen. Die Schlafzimmer wurden zu Schlafschäle für die Teilnehmer umfunktioniert. Nur Krishnamurti hatte ein Zimmer für sich.

---

[1] Lutyens: Jahre des Erwachens, S. 303-306
[2] Krishnamurti: The Kingdom of Happiness, S. 86

Die ersten paar Tage litt er an Bronchitis. Danach sprach er jeden Tag im großen Salon. Das Thema war „das Königreich des Glücks". Er sagte Dinge wie: „Folgt mir nach, und ich werde Euch den Weg ins Königreich des Glücks weisen. Ich werde jedem von Euch den Schlüssel geben, mit dem Ihr das Tor zum Garten aufschließen könnt."[1]

Am 24. Juni folgte das Camp in Ommen in der Nähe des Schlosses. Die Eerde-Gruppe zog jetzt in Zelte, außer Krishnamurti, der im Schloss wohnen blieb. Etwa zweitausend Menschen nahmen daran teil. Am Abend saßen alle am Lagerfeuer beisammen. Krishnamurti erschien dann im indischen Gewand, zündete die hohe Pyramide aus Baumstämmen an, sang eine Hymne an Agni, den Feuergott, und hielt eine Rede. In dieser Atmosphäre hatte seine Erscheinung etwas besonders Würdevolles und Beeindruckendes.

An einem solchen Abend hielt er folgende Rede:

„Ich möchte Euch auffordern, durch mein Fenster zu schauen, das Euch meinen Himmel, meinen Garten und meine Wohnung zeigen wird. Dann werdet Ihr sehen, daß es nicht darauf ankommt, was Ihr tut, was Ihr lest, was irgend jemand sagt, wer Ihr seid oder nicht seid, sondern daß Ihr den starken Wunsch haben sollt dort einzutreten, wo die Wahrheit wohnt … Ich möchte, daß Ihr kommt und sie seht, ich möchte, daß Ihr kommt und sie fühlt … und nicht zu mir sagt: ‚Ach, Du bist anders, Du bist auf dem Gipfel des Berges, Du bist ein Mystiker.' Ihr gebt mir Phrasen und deckt meine Wahrheit mit Euren Worten zu. Ich will nicht, daß Ihr mit allem brecht, woran Ihr glaubt. Ich will nicht, daß Ihr Euer Temperament verleugnet. Ich will nicht, daß Ihr Dinge tut, von denen Ihr fühlt, daß sie nicht richtig sind. Aber ist irgendeiner von Euch glücklich? Habt Ihr, hat jemand unter Euch die Ewigkeit gekostet? … Ich gehöre allen Menschen, allen, die wirklich lieben, allen, die

---

[1] Lutyens: Biographie, S. 86

leiden. Und wenn Ihr gehen wollt, müßt Ihr mit mir gehen. Wenn Ihr verstehen wollt, müßt Ihr durch meinen Geist schauen. Wenn Ihr fühlen wollt, müßt Ihr durch mein Herz schauen. Weil ich wirklich liebe, will ich, daß Ihr liebt. Weil ich wirklich fühle, will ich, daß ihr fühlt. Weil mir alles teuer ist, will ich, daß Euch alles teuer ist. Weil ich beschützen will, sollt Ihr beschützen. Und nur so ein Leben ist es wert, gelebt zu werden, und das ist das einzige Glück, das zu besitzen sich lohnt."[1]

Seine Reden riefen in vielen Menschen die Überzeugung hervor, dass Maitreya durch ihn sprach.

Anfang Juli trafen Besant und Wedgewood im Camp ein. Manchmal waren sie allerdings von seinen Reden irritiert, die immer mehr von den Vorstellungen der TG abrückten und unabhängiger wurden.

Von August 1926 bis April 1927 verbrachte Krishnamurti in Ojai. Ab Oktober 1926 stieß Annie Besant zu ihm. Es war eine harmonische und glückliche Zeit, wenn er auch schmerzlich Nitya vermisste, mit dem er so lange an diesem Ort verbracht hatte. In dieser Zeit schrieb er viele Gedichte. Besant erwarb Land im Ojai-Tal, auf dem später das Hauptquartier der Happy Valley Foundation und eine Schule entstanden.

Krishnamurti legte nun immer mehr das Korsett ab, das man ihm aufgezwungen hatte, und wurde zum Rebellen, der keiner Autorität mehr folgen wollte. Doch zugleich erfuhr er ein erweitertes Bewusstsein und ein Erwachen, das seine Persönlichkeit erstrahlen ließ.

Am 9. Februar 1927 schrieb er an Leadbeater:

„Ich weiß ganz gewiß, daß ich mich mit dem Bewußtsein des einen Lehrers vereinige und er mich vollkommen erfüllen wird. Ich fühle und weiß auch, daß mein Becher nahezu randvoll ist

---

[1] dies., S. 87

63

und bald überfließen wird. Ich sehne mich danach, jeden glücklich zu machen und werde es auch tun."[1]

Im Sommer 1927 wurde erneut ein mehrwöchiges Treffen auf Schloss Eerde abgehalten wie im Jahr zuvor. In einer Scheune hatte man mehrere kleine Zimmer eingerichtet, sodass es nun Platz für etwa 60 Personen gab. In der ersten Woche litt Krishnamurti wieder an Bronchitis. Während er das Bett hütete und Edgar Wallace las, – er las sein Leben lang Krimis – trug Lady Emily morgens im Salon seine Gedichte vor, bis er wieder in der Lage war, seine Reden zu halten.

Während des Treffens wurde über die Reorganisation des Ordens des Sterns im Osten diskutiert. Viele Menschen glaubten daran, dass mit ihm der Weltlehrer in Erscheinung getreten war, womit der Orden sein Ziel erreicht hatte. Es wurden neue Inhalte definiert, wie etwa, alle Menschen, die an den Weltlehrer glaubten, zusammenzuführen und für seine Ideale zu arbeiten. Der Name des Ordens wurde in Orden des Sterns (Order of the Star) geändert. Die Zeitschrift „Herald of the Star" wurde zum „Star Review".

Bei diesem Treffen war Krishnamurtis Thema „Befreiung". Er sagte:

„Ihr müßt nicht um meinetwillen, sondern trotz meiner Gegenwart befreit werden … dieses ganze Leben lang und besonders während der letzten paar Monate habe ich darum gekämpft, frei zu sein, frei von meinen Freunden, meinen Brüdern, meinen Bindungen. Ihr müßt um die gleiche Freiheit kämpfen. Ein fortwährender Aufruhr muß sich in Euch abspielen. Haltet Euch ständig einen Spiegel vor, und wenn Ihr irgend etwas darin seht, das des Ideals, das Ihr Euch selber erschaffen habt, unwürdig ist, verändert es … Ihr dürft keine Autorität aus mir machen. Wenn ich für Euch zu einer Notwendigkeit werde, was macht Ihr dann, wenn ich fortgehe? … Manche von Euch

---

[1] dies., S. 89

glauben, daß ich Euch einen Trunk geben kann, der Euch befreien wird. Das ist nicht so. Ich kann die Tür sein, aber Ihr müßt selber durch die Tür gehen und die Befreiung finden, die dahinter ist ... Die Wahrheit kommt wie ein Bettler, wenn Ihr sie am wenigsten erwartet. Ich wünschte, ich könnte eine neue Sprache erfinden, aber da ich das nicht kann, möchte ich Eure alte Ausdrucksweise und Eure Konzepte zerstören. Niemand kann Euch Befreiung bringen. Ihr müßt sie im Innern finden, aber weil ich sie gefunden habe, möchte ich Euch den Weg weisen ... Der, der Befreiung erlangt, wird zum Lehrer – wie ich selber. Es liegt in der Macht eines jeden, in die Flamme einzutreten, zur Flamme zu werden ... Weil ich hier bin, werde ich Euch die Kraft zum Erreichen geben, falls Ihr mich in Euren Herzen habt ... Befreiung ist nicht nur für die Wenigen, für die Bevorzugten, für die Auserwählten."[1]

Oder: „Der Sprecher [er nannte sich oft in seinen Vorträgen „der Sprecher"] hat nichts, was er Euch lehren könnte ... Der Sprecher ist nur ein Spiegel, in dem Ihr Euch selber erblicken könnt. Dann, wenn Ihr Euch selber klar erkennt, könnt Ihr den Spiegel weglegen."[2]

Krishnamurti verlangte von seinen Zuhörern, die daran gewöhnt waren, dass man ihnen sagte, was sie tun sollten, zunehmend Eigenständigkeit, was sicher viele irritierte. Langsam begann seine eigene Philosophie Gestalt anzunehmen.

Im Anschluss fand wieder das jährliche Camp in Ommen mit einer großen Teilnehmerschaft statt. Am Tag vor der Eröffnung beantwortete er zum ersten Mal offen die Frage, die so viele quälten: Glaubte er selbst, dass er der Weltlehrer war? U.a. sagte er dazu:

„Ich habe nicht eher darüber gesprochen, bis ich nicht mit Sicherheit ohne unangebrachte Erregung und Übertreibung, um

---

[1] dies., S. 91
[2] dies., S. 230

andere davon überzeugen zu können, sagen konnte, daß ich mit meinem Geliebten eins bin. Ich habe vage und ganz allgemein über das gesprochen, was jeder hören wollte. Ich habe niemals gesagt: Ich bin der Weltlehrer, aber jetzt, da ich fühle, daß ich mit meinem Geliebten eins bin, sage ich es, – nicht um Euch mit meiner Autorität zu beeindrucken, nicht um Euch von meiner Größe oder der des Weltlehrers oder selbst von der Schönheit des Lebens zu überzeugen, sondern nur, um in Euren Herzen und Euren Köpfen das Verlangen zu wecken, nach der Wahrheit zu suchen. Wenn ich sage, daß ich mit dem Geliebten eins bin – und ich werde es sagen –, dann weil ich es fühlte und weiß. Ich habe gefunden, wonach ich mich sehnte, ich bin vereinigt, so daß es keine Trennung mehr geben wird, weil meine Gedanken, meine Wünsche, meine Sehnsüchte, die dem individuellen Selbst angehören, zerstört worden sind ... Ich bin wie eine Blume, die ihren Duft der Morgenluft schenkt. Es ist gleichgültig, wer gerade vorübergeht ... Bis jetzt habt Ihr Euch auf die beiden Schirmherren des Ordens (Annie Besant und Leadbeater) als Autorität verlassen, auf jemanden, der Euch die Wahrheit verkünden soll, während sie in Euch selber ruht ... Es bringt nichts, wenn Ihr mich fragt, wer der Geliebte ist. Was nützt eine Erklärung? Denn Ihr werdet den Geliebten nicht verstehen, bis Ihr nicht selber fähig seid, ihn in jedem Tier, in jedem Grashalm und in jedem Leidenden, in jedem Individuum zu sehen."[1]

Dies war freilich ein völlig anderes Verständnis vom Weltlehrer, als die TG es hatte.

Besant, Raja und Wedgewood besuchten das Camp. Die Aussagen waren zutiefst beunruhigend. Trotzdem hielt Besant an ihm fest und ließ am 14. Januar 1927 in der Presse verkünden: „Der Weltlehrer ist hier!" Sie begründete ihre Aussage damit, die Lehre des Weltlehrers könne neu und radikal und daher

---

[1] dies., S. 93

schwer zu akzeptieren sein, doch in Wirklichkeit war sie alarmiert.

Krishnamurtis Büste von Antoine Bourdelle, 1927-1928,
im Musée Ingres Bourdelle, Montauban, Frankreich,
aus Wikimedia Commons

Anschließend erholte sich Krishnamurti mit Rajagopal in Villars und besuchte dann Paris. Dort saß er dem berühmten Bildhauer Antoine Bourdelle Modell. Der 66jährige Künstler war sehr von ihm beeindruckt und meinte: „So viel Weisheit bei einem so jungen Mann."

Dann geschah allmählich das Unausweichliche. Auf dem Höhepunkt, als der Weltlehrer scheinbar eingetroffen war, begann sich der Weltlehrer Krishnamurti von der TG und ihren Lehren völlig abzunabeln. Sein Selbstvertrauen war gestärkt. Er war im Grund immer ein unabhängig denkender Geist gewesen, und das brach sich nun unausweichlich Bahn. Vorsichtig äußerte er in seinen Vorträgen, dass er die Geschichte mit den Adepten und Initiationen nicht glaubte, und bekannte, dass er kein einziges Buch der TG bis zur letzten Seite hatte lesen können, da er den theosophischen „Jargon" nicht verstand und nie wirklich von der Lehre überzeugt gewesen war.

Am 3. Oktober 1927 heirateten Rajagopal und Rosalind in London. Besant war Rosalinds Brautmutter. Sie hatte zur Heirat gedrängt, damit Rosalind mit Anstand Krishnamurti auf seinen Reisen begleiten konnte. Das Paar wohnte fortan in Arya Vihara in Ojai.

Der Bruch mit der Theosophischen Gesellschaft

Krishnamurti bei seiner Rede in Ommen am 3.8.1929

Annie Besant schloss die Esoterische Abteilung, das okkulte Zentrum der TG, und erklärte erneut, der Weltenlehrer sei jetzt hier. Am 30. November 1928 schrieb sie an Krishnamurti:

„Mein Lieber,

ich sende Dir durch Mr. Varma ein Schreiben, das an alle Zweigstellen der esoterischen Abteilung geschickt wurde. Ich bin sicher, daß es besser ist, wenn alle unsere Schüler sich dem Studium Deiner Worte und Ideale widmen und die früheren Lehren im Moment beiseite lassen. Daher schließe ich die E.A.

auf unbestimmte Zeit und überlasse das Lehren allein Dir. […]"[1]

Doch einige Monate später eröffnete sie auf Druck anderer Mitglieder die Esoterische Abteilung wieder.

Im Sommer 1928 gab es erneut eine Zusammenkunft auf Schloss Erde und anschließend das Camp in Ommen. Die Lage spitzte sich immer mehr zu.

Ein Jahr später, erneut im Camp von Ommen, löste Krishnamurti am 3. August 1929 vor dreitausend Mitgliedern den Orden des Sterns auf. Er hielt dabei folgende Rede, die berühmt geworden ist:

„Ich behaupte, daß die Wahrheit ein unwegsames Land ist und daß es keine Pfade gibt, die zu ihr hinführen – keine Religionen, keine Sekten. Das ist mein Standpunkt, den ich absolut und bedingungslos vertrete. Die Wahrheit ist grenzenlos, sie kann nicht konditioniert, sie kann nicht auf vorgegebenen Wegen erreicht und daher auch nicht organisiert werden. Deshalb sollten keine Organisationen gegründet werden, die die Menschen auf einen bestimmten Pfad führen oder nötigen. Wenn ihr das einmal verstanden habt, werdet ihr einsehen, daß es vollkommen unmöglich ist, einen Glauben zu organisieren. Der Glaube ist eine absolut individuelle Angelegenheit und man kann und darf ihn nicht in Organisationen pressen. Falls man es tut, wird er zu etwas Totem, Starrem; er wird zu Gier, zu einer Sekte, einer Religion, die anderen aufgezwungen wird. Die Wahrheit wird in Formen gepreßt und zu einem Konsumgut für die Schwachen, die nur eine momentane Unzufriedenheit spüren. Der Mensch kann die Wahrheit nicht zu sich herabziehen, sondern muß sich bemühen, zu ihr aufzusteigen. Man kann den Berggipfel nicht ins Tal holen. Wenn man den Gipfel erreichen will, muß man das Tal durchqueren und die steilen Hänge hinaufklettern, ohne sich vor den gefährlichen Schluch-

---

[1] Jayakar: Krishnamurti, S. 86

ten zu fürchten. Ihr müßt zur Wahrheit hinaufsteigen, sie kann nicht zu euch gebracht oder organisiert werden.

Ich möchte keiner spirituellen Organisation, ganz gleich welcher Art, angehören, und ich bitte euch, das zu verstehen. Ich betone noch einmal, daß keine Organisation einen Menschen zur Spiritualität führen kann. Wenn eine Organisation zu diesem Zweck gegründet wird, so wird sie zu einer Krücke, die euch schwächt, zu einem Gefängnis. Solche Organisationen verkrüppeln das Individuum, hindern es daran zu wachsen und seine Einzigartigkeit zu leben, die ja darin liegt, daß es ganz allein diese absolute, uneingeschränkte Wahrheit entdeckt.

Das ist ein weiterer Grund dafür, daß ich mich – da ich der Präsident des Ordens bin – entschlossen habe, den Orden aufzulösen. Niemand hat mich zu dieser Entscheidung gedrängt oder überredet. Das ist keine großartige Tat, denn ich will keine Jünger oder Anhänger; ich meine das so, wie ich es sage. In dem Moment, in dem man beginnt, jemandem zu folgen, hört man auf, der Wahrheit zu folgen. Es ist mir gleich, ob ihr auf meine Worte hört oder nicht. Ich will in dieser Welt etwas ganz Bestimmtes tun, und ich werde es unbeirrbar tun. Es geht mir um eine einzige, wesentliche Angelegenheit: die Befreiung des Menschen. Ich will ihn von allen Begrenzungen, allen Ängsten befreien und weder neue Religionen oder Sekten gründen, noch neue Theorien oder Philosophien entwickeln.

Nun werdet ihr mich natürlich fragen, warum ich die ganze Welt bereise, um zu den Menschen zu sprechen. Ich will euch sagen, weshalb ich das tue: nicht, weil ich eine Anhängerschaft will, nicht, weil ich eine besondere Gruppe von besonderen Anhängern um mich versammeln will. (Die Menschen lieben es, sich von ihren Mitmenschen abzuheben, wie lächerlich, wie absurd oder trivial ihre Unterscheidungen auch sein mögen. Ich will nicht zu dieser Absurdität beitragen.) Ich habe keine

Jünger, keine Apostel; weder auf der Erde, noch auf der spirituellen Ebene. [...]"[1]

Damit verleugnete er alles, wofür die TG stand, v.a. die Schülerschaft, die ein Wesensmerkmal von ihr war. Die Hierarchie in der Organisation sowie die spirituelle Hierarchie wurde nun verworfen.

Der Schnitt war radikal. Alle Fonds und Stiftungen für Krishnamurtis künftige Rolle als Weltlehrer wurden aufgelöst und die Ländereien wie Schloss Eerde an die jeweiligen Besitzer zurückgegeben. Von da an begann Krishnamurti sich als unabhängiger Vortragsredner zu betrachten, der alle Glaubenssysteme ablehnte. Viele seiner Freunde traf es hart, v.a. Annie Besant, aber auch Lady Emily, die darauf gehofft hatte, von ihm zur Nachfolge berufen zu werden.

1930 trennte Krishnamurti sich endgültig von der TG. Im International Star Bulletin schrieb er: „Meine Lehren sind weder okkult noch mystisch, denn beides betrachte ich als hinderlich auf dem Weg zur Wahrheit."[2]

Er erhielt weiterhin finanzielle Unterstützung. Später hatte er neben den Spenden die Einnahmen aus seinen Büchern. Außer die 500 $ von Miss Dodge nahm er jedoch nichts davon für sich selbst. Krishnamurtis Reden und Veröffentlichungen wurden jetzt vom Star Publishing Trust organisiert.

Leadbeater, Wedgewood und andere meinten, dass die Ankunft des Maitreya vereitelt worden sei. Annie Besant liebte Krishnamurti unverändert und sorgte sich um ihn, da er in weltlichen Dingen völlig unerfahren war und jetzt auf eigenen Beinen stehen musste. Erst im November 1932 kehrte er nach Adyar zurück und besuchte sie. Sie war sehr gebrechlich geworden, hatte ihr Gedächtnis verloren und lebte in der Vergangenheit,

---

[1] dies., S. 86 f., Archiv der TG in Adiyar
[2] dies., S. 91

72

aber sie erkannte ihn noch. Am 20. September 1933 starb sie. Sechs Monate später starb auch Leadbeater in Australien. George Arundale folgte Besant als Präsident bis zu seinem Tod 1945. Wedgewood litt in späteren Jahren an Demenz und starb 1951.

Krishnamurti in Ojai (1938-1947)

Nach Krishnamurtis Trennung von der TG verlief sein äußeres Leben relativ ereignislos. Er verbrachte es bis zu seinem Tod mit unzähligen Vortragsreisen in aller Welt und verfasste mehrere Bücher.

Anfangs bestanden seine Anhänger vorwiegend aus Mitgliedern der TG. Er blieb bis zu seinem Lebensende mit einigen von ihnen in Verbindung. Die jährlichen Camps in Ommen und Ojai blieben bestehen und wurden nicht weniger besucht. Sie waren nun für die ganze Öffentlichkeit zugänglich und zogen eine andere Art Zuhörerschaft an. Er wurde in aller Welt zu öffentlichen Reden eingeladen.

Allmählich legte er den Wortschatz der TG ab und fand zu seiner eigenen Ausdrucksform und Sprache, die seinen Erfahrungen entsprach.

In den 30er Jahren schrieb er an Emily Lutyens:

„Ich versuche mich klar auszudrücken, eine Brücke zu schlagen, über die die Menschen gehen können, nicht fort vom Leben, sondern hin zu einem reicheren Leben als bisher. [...] Sie ahnen nicht, wie schwierig es ist, das auszudrücken, was sich in Worte eigentlich nicht fassen läßt, und wenn es dann in Worten gesagt ist, entspricht es doch nicht der Wahrheit!"[1]

Mit der Auflösung des Ordens des Sterns hatte sich die Gruppe junger Leute, die sich um ihn gebildet hatte, zerstreut. Jadunandan Prasad und Rajagopal kümmerte sich nun um ihn und seine Finanzen und organisierten seine Vorträge. Als Jadu mit erst 35 Jahren starb, wandte sich Krishnamurti Rajagopal und dessen Ehefrau Rosalind zu, die inzwischen geheiratet hatten.[2]

---

[1] Lutyens: Jahre des Erwachens, S. 328
[2] Sie hatten eine Tochter, Radhika (Radha Rajagopal Sloss), die als Kind viel Zeit mit Krishnamurti verbrachte und in ihrem Buch berichtete, Krishnamurti und Rosalind hätten 25 Jahre lang eine

Sie reisten mit ihm und kümmerten sich um organisatorische Dinge, denn Krishnamurti war im weltlichen Bereich völlig naiv. Er ließ sich bereitwillig in allen Dingen lenken und unterschrieb jedes Schriftstück, das man ihm vorlegte. Rajagopal und Rosalind agierten ihm gegenüber zunehmend bestimmend und autoritativ. Er ließ es in seiner nachgiebigen Art geschehen, solange es äußere Dinge betraf und nicht seine Lehre. Von 1933 bis 1939 reiste er mehrmals nach Indien, wo er vor großem Publikum sprach. Nach dem Tod von Annie Besant war jeder Kontakt zur TG abgebrochen. Die Welt hatte das Interesse am Weltlehrer verloren, und die Zeitungen nahmen von ihm keine Notiz mehr.

1934 wurde der Krishnamurti Writings Inc. (KWINC), mit Hauptsitz in Ojai gegründet, der sich fortan um seine Veröffentlichungen kümmerte und von der Krishnamurti der Vorsitzende war. Die Aktivitäten wurden jedoch hauptsächlich von Rajagopal bestimmt.

1935 war er acht Monate lang auf eine Vortragsreise in Südamerika.

Als 1939 der Zweite Weltkrieg ausbrach, hielt Krishnamurti sich in Ojai auf. Fortan war seine Bewegungsfreiheit eingeschränkt, und er konnte nicht mehr reisen. Öffentliche Vorträge zu halten, wurde ihm verboten. Fast acht Jahre lang führte er in Ojai ein stilles Leben und verbrachte bei langen, einsamen Spaziergängen viel Zeit in der freien Natur. Er wurde zum stillen Beobachter der äußeren Dinge. Er sagte: „Wenn ich gehe, denke ich nicht – da ist kein Gedanke. Ich schaue einfach nur

---

heimliche Affäre gehabt. Sie brachte noch weitere Anschuldigungen gegen ihn vor. Mary Lutyens hat in ihrem Buch über die Rajagopals auf die Anschuldigungen von Sloss geantwortet und bestätigt, dass es diese Beziehung gab. (Lutyens: Krishnamurti and the Rajagopals, S. 5 f.)

... ich glaube, meine einsamen Spaziergänge haben etwas in mir bewirkt."[1]

In seinem Tagebuch (Journal) aus den 70ern ist zu lesen:

„Erst kürzlich hatte er [sich selbst meinend] entdeckt, dass es während dieser langen Spaziergänge keinen einzigen Gedanken gab – weder in den vollen Straßen noch auf den einsamen Wegen. Immer schon, seit er ein Junge gewesen war, war es so – kein Gedanke tauchte in seinem Kopf auf. Er beobachtete und horchte nur und sonst nichts. Gedanken mit ihren Assoziationen kamen nie auf. Man schuf sich keine Vorstellungen. Eines Tages wurde ihm plötzlich bewusst, wie außergewöhnlich das war. Oft versuchte er zu denken, aber es wollte sich kein Gedanke einstellen. Auf diesen Spaziergängen, mit anderen Menschen oder ohne sie, war jegliche Gedankentätigkeit verschwunden. Das bedeutete, allein zu sein."[2]

Nachdem Hitler 1940 in Holland und Belgien einmarschiert war, hörte er nichts mehr von seinen holländischen Freunden. Das Camp in Ommen war zum Konzentrationslager geworden.

Als Amerika 1941 in den Krieg eintrat, bekam er wegen seiner Antikriegs-Rhetorik Schwierigkeiten, sein amerikanisches Visum zu erneuern. Es war fast ein Wunder, dass es dann doch verlängert wurde. Die Gräueltaten des Krieges, besonders die atomare Zerstörung von Hiroshima und Nagasaki, setzten ihm sehr zu, und er wetterte ständig gegen den Krieg und Nationalismus. Das brachte ihn ins Visier des FBI. Bei den Gesprächen in Ojai mischten sich Agenten unter die Menge, machten Notizen und beobachteten ihn. Er wurde gefragt, warum er lange, einsame Spaziergänge machte und ob er dabei jemanden traf. Die Überwachung wurde schließlich eingestellt, nachdem festgestellt worden war, dass er nicht gefährlich war.

---

[1] Jayakar: Krishnamurti, S. 96
[2] Krishnamurti: Journal, S. 12

Er erlebte mit Rajagopal und Rosalind eine ruhige Zeit mit körperlicher Arbeit. In Amerika waren die Lebensmittel und Benzin knapp. So bauten sie eigenes Gemüse an, züchteten Bienen, hatten Hühner und eine Kuh. Er molk die Kuh, kümmerte sich um die Bienen und spülte Geschirr.

Freunde hatte ihm ein Auto geschenkt, das ihm viel Freude bereitete. Er genoss die Geschwindigkeit auf den kurvenreichen Straßen. Da er sich für Maschinen interessierte, nahm er den Motor auseinander. Autofahren war für ihn eine Meditation. So schrieb er in seinem Journal in den 70ern:

„Wenn man Auto fährt, scheint Meditation ganz natürlich einzusetzen. Man nimmt die Landschaft wahr, die Häuser, die Bauern auf den Feldern, die Marke des vorbeifahrenden Autos und den blauen Himmel, der durch die Blätter scheint. […] Die Zeit spielt in der Meditation keine Rolle, auch nicht das Wort, das der Meditierende ist. In der Meditation gibt es keinen Meditierenden. Wenn doch, dann ist es keine Mediation. Der Meditierende ist das Wort, der Gedanke und die Zeit – und daher der Veränderung, dem Kommen und Gehen unterworfen. Meditation ist keine Blume, die erblüht und welkt. Zeit ist Bewegung. Man sitzt am Ufer eines Flusses, beobachtet das Wasser, die Strömung und das, was vorbeifließt. Wenn man im Wasser ist, gibt es keinen Beobachter. Schönheit liegt nicht im bloßen Ausdruck, sie liegt im Verzicht auf das Wort und den Ausdruck, im Verzicht auf die Leinwand und das Buch."[1]

Er traf in dieser Zeit viele bekannte Persönlichkeiten wie Christopher Isherwood, Swami Prabhavananda vom Ramakrishna-Orden, Greta Garbo, Charlie Chaplin, den britischen Autor Gerald Heard und Bertrand Russell. Mit Aldous Huxley war er eng befreundet und tauschte sich mit ihm auf langen Spaziergängen über die neuesten Erkenntnisse der Wissenschaft aus. Es war Huxley, der ihn zum Schreiben ermutigte. Er lernte

---

[1] ders., S. 14 f.

auch Erich Fromm, Benjamin Weininger und Harry Stack Sullivan kennen.

Jayakar berichtet nach einer Erzählung von der amerikanischen Schrifstellerin Anita Loos aus dieser Zeit von einem amüsanten Vorfall:

„Wie Krishnamurti liebten auch Aldous Huxley und seine Frau Maria Picknicks. Anita Loos […] erinnert sich an eine Begebenheit, die, wie sie es ausdrückte, ‚bei Alice im Wunderland‘ hätte stattfinden können. Bei einem dieser Picknicks befanden sich neben den Huxleys und Krishnamurti noch einige andere illustre Persönlichkeiten unter den Gästen: Greta Garbo in einer ausgeleierten Männerhose und mit einem verbeulten Hut auf dem Kopf, Charlie Chaplin und seine schöne Frau Paulette Goddard, die eine mexikanische Bauerntracht trug, Bertrand Russell (den Anita Loos als ‚Wichtelmännchen auf Wanderschaft‘ beschreibt) und der Autor Christopher Isherwood.

Da sie keinen geeigneten Platz für ihr Picknick fanden, ließen sie sich schließlich am staubigen Ufer des Los Angeles River nieder. Gerade als sie beginnen wollten, ihre speziellen Mahlzeiten zuzubereiten – Miß Garbo hatte Mengen an rohem Gemüse bei sich, Paulette Goddard packte Champagner und Kaviar aus und Krishnamurti holte seinen Reis hervor –, tauchte plötzlich ein stämmiger Polizist auf und brüllte: ‚Was zum Teufel geht hier vor?‘ Sie unterbrachen ‚wie vom Donner gerührt‘ ihre Vorbereitungen, als ein Sheriff mit gezogener Pistole auf sie zukam. ‚Kann keiner aus eurer Bande lesen?‘ fragte er Aldous Huxley und deutete auf ein Schild, auf dem ‚Betreten verboten‘ stand. Huxley versuchte mit dem Sheriff zu verhandeln und versprach, sie würden das Flußufer sauberer zurücklassen, als sie es vorgefunden hatten. Der Sheriff wurde wütend und fuhr Huxley an: ‚Macht, daß ihr weiterkommt, und zwar sofort‘. Huxley, der glaubte, er könne den Sheriff besänftigen, indem er die Namen einiger der versammelten Berühmtheiten erwähnte, deutete auf Charlie Chaplin und Greta Garbo.

‚Erzähl mir keine Märchen', knurrte der Sheriff, ‚ich habe diese Stars im Kino gesehen, und keiner von ihnen kommt in so einem Aufzug daher. Verschwindet, ihr Landstreicher, oder ich verhafte die ganze Bande.' ‚Und so', erzählt Anita Loos, ‚brachen wir wie die Araber unsere Zelte ab und stahlen uns still von dannen.'"[1]

Einmal zog sich Krishnamurti für mehrere Wochen in eine einsame Hütte in den San Gabriel-Bergen bei Los Angeles zurück, wo er stundenlang durch die Wälder streifte.

„Krishnaji[2] erzählte, wie er die Tage in der karg eingerichteten Holzhütte in der Wildnis zugebracht hatte: Er erwachte früh am Morgen, machte einen langen Spaziergang, bereitete sein Frühstück, wusch das Geschirr, säuberte die Hütte, hörte täglich eine Stunde lang Beethovens Neunte (die einzige vorhandene Schallplatte), lauschte und meditierte. Es gab keine Bücher. Abends chantete er Sanskrithymnen, die er noch aus seiner Kindheit kannte. Seine Lieblingshymne war die an Daksinamurti – an Shiva als höchsten Guru. Die Klänge der Sanskritsilben stiegen aus der Tiefe seiner Mitte auf und durchdrangen die Stille des Waldes – ungewohnte Klänge für die Pinien und uralten Rotholzbäume, für Bären, Klapperschlangen und Stinktiere. Eine Spinne teilte die Hütte mit ihm.

Jeden Morgen entfernte Krishnamurti das Spinnennetz, in dem Fliegen und andere Insekten gefangen waren, hob die Spinne vorsichtig auf und trug sie ins Freie. Aber am nächsten Morgen war die Spinne wieder da und webte ihr Netz. [...] Tagelang setzte sich das kleine Ritual zwischen Krishnamurti und der Spinne fort – eine wortlose Kommunikation –, bis Krishna-

---

[1] Jayakar: Krishnamurti, S. 98
[2] Mit dem Anhängen von Ji an einen Namen wird Verehrung und Vertrautheit ausgedrückt.

murti eines Tages zu der Spinne sagte: ‚Friede! Laß uns die Hütte teilen.'"[1]

Nach dem Krieg setzte Krishnamurti seine Vortragstätigkeit weltweit wieder fort.

Wie bereits in den 20ern von Annie Besant geplant, wurde 1946 in Ojai die Happy Valley School eröffnet, die Rosalind führte. Danach wollte Krishnamurti eine Reise nach Neuseeland, Australien und Indien unternehmen, erkrankte aber an einer sehr schmerzhaften Nierenentzündung, musste zwei Monate lang das Bett hüten und benötigte ein halbes Jahr, um sich zu erholen. Er nahm, wie grundsätzlich, keine Schmerzmittel, da er befürchtete, sie könnten seinem sensiblen Körper schaden.

[1] dies., S. 97

Leben als unabhängiger Vortragsredner

Am 15.8.1947 erlangte Indien die Unabhängigkeit, und Jawaharlal Nehru wurde zum ersten Premierminister gewählt. Das Land befand sich im Umbruch. Zwei Monate später kam Krishnamurti allein in Indien an. Nur wenige empfingen ihn am Flughafen. Sein Aufenthalt sollte 18 Monate dauern. Er fühlte sich frei und plante seine Termine selbst.

In einem Privathaus in Bombay, wo er auch wohnte, hielt er seine ersten Vorträge. Er sprach in der Folge in Madras, Bangalore, Pune, New Delhi, Benares und in anderen Orten. Neben den Reden führte er auch viele Gruppendiskussionen und Einzelgespräche. Es kamen Politiker, Literaten, Akademiker, Künstler und Sozialarbeiter, aber auch hinduistische Wandermönchen (Sannyasins), Touristen, Lehrer, spirituelle Sucher und einer Anzahl von Neugier getriebener junger Leute.

Viele hatten an Gandhis Freiheitskampf teilgenommen und waren nun auf der Suche nach neuen Werten. Als Krishnamurti in Delhi war, wohnte er bei B.N. Rao, einem begabten Rechtsanwalt, der von Jawaharlal Nehru gebeten worden war, bei der Formulierung der indischen Verfassung als Berater zu fungieren. So bekam Krishnamurti viel von den Schwierigkeiten mit, die darin lagen.

Er begegnete vielen bekannten Persönlichkeiten wie Maurice Frydman, Jawaharlal Nehru sowie Anandamayi Ma und in späteren Jahren dem jungen Dalai Lama. Es bildete sich eine neue Gruppe Menschen um ihn, zu der u.a. Pupul Jayakar (seine Biografin) und ihre Schwester Nandini Mehta gehörten. Jayakar war eng mit Indira Gandhi befreundet. Durch sie machte er die Bekanntschaft vieler bedeutender politischer und religiöser Persönlichkeiten und natürlich auch die von Indira und Rajiv Gandhi.

Jayakar schreibt:

„Die meisten Inder, die den Freiheitskampf und die Bewegungen der riesigen Menschenmassen miterlebt hatten, begriffen, daß für den Aufbau eines neuen Indiens noch ein weiterer Kampf nötig war – das innere Ringen um neue Werte. Krishnaji sagte zu ihnen: ‚Um eine neue Struktur aufzubauen, muß ich sowohl der Architekt als auch der Bauherr und der Maurer sein.‘ Als ihn jemand fragte, was ein einzelner Mensch denn tun könne, erwiderte er: ‚Ihr denkt in großen Dimensionen, redet von großen Bewegungen, Handlungen und Verantwortlichkeiten, aber ihr übernehmt keine Verantwortung.

Warum fangt ihr nicht an, vor eurer eigenen Tür zu kehren und säubert den Teil der Straße, der ihr selbst seid?"[1]

Was seine Lehre in Indien betraf, so stieß er dort auf andere Voraussetzungen als im Westen. In diesem Land ist der Guru für die Religion unverzichtbar. Traditionell gibt es im Hinduismus die vier klassischen Yoga-Wege des Karma-Yoga (Yoga des Handelns), Bhakti-Yoga (Yoga der Hingabe und Gottesliebe), Jnana-Yoga (Yoga der Erkenntnis) und Raja-Yoga (der königliche Yoga des Patanjali), die der Guru seinen Schüler lehrt. Die Hindus, die Führung suchten, mussten von ihm enttäuscht gewesen sein und auch verwirrt, denn er lehrte weder einen Weg noch ein Ziel, das es zu erreichen galt. Auch für die eingefleischten Theosophen mit ihrem festgezurrten Weltbild war es eine schwere Kost. Sein Vokabular hatte sich grundlegend verändert, und viele konnten ihm vermutlich nicht folgen. So war das Publikum auch hier neu.

Krishnamurti riet, den Geist zu beobachten, wie die Gedanken kommen und gehen, was dem Zen verwandt ist, und doch wieder anders. Manche seiner Aussagen mögen auch vage an Advaita, den nichtdualen indischen Weg, erinnern.

Jayakar beschrieb es folgendermaßen:

„Er lehrte den Zuhörer, sich wie in einem Spiegel zu betrachten – seinen Schmerz, seine Wut, seine Angst und Einsamkeit zu beobachten. Er lehrte ihn [den Zuhörer], in dem leeren Raum zwischen den Gedanken zu verweilen – sich von Gedanke zu Gedanke zu bewegen und zu beobachten, wie der Gedanke sich in seiner eigenen Quelle auflöste, wenn man ihn bis dorthin zurückverfolgte."[2]

Es ging ihm nicht um Inhalte im Bewusstsein, sondern um die Veränderung des Bewusstseins selbst.

---

[1] Jayakar: Krishnamurti, S. 146
[2] dies., S. 116

Jayakar war mit Krishnamurti und Maurice Frydman einmal zu Besuch bei Jawaharlal Nehru. Sie berichtet, Nehru habe gefragt: „Sagen Sie mir, Sir, was ist richtiges Handeln, was ist richtiges Denken?"

Krishnamurti antwortete: „Richtiges Handeln ist nur dann möglich, wenn der Verstand still ist und der Mensch die Wirklichkeit, das, ,was ist', sehen kann. Das Handeln, das aus diesem Sehen entspringt, ist frei von Berechnung, frei von der Vergangenheit, frei von Gedanken und Ursachen."[1]

Er meinte, die einzige Chance die dem Menschen in Anbetracht des überall in der Welt herrschenden Chaos bliebe, sei die Einsicht, daß er in seinem eigenen Inneren mit dem Umwandlungsprozeß beginnen müsse. Damit die Welt gerettet werden könne, müßten sich zumindest einige Menschen von dem inneren Unrat befreien, der die Welt korrumpierte und zerstörte. Sie müßten sich im tiefsten Inneren wandeln, um kreativ denken und handeln und so auch anderen Menschen bei der Transformation helfen zu können. Das Neue müßte aus der Asche aufsteigen.

,Wie Phönix aus der Asche', sagte Nehru.

,Ja', erwiderte Krishnaji ,denn das Sterben des Alten ist die Voraussetzung für neues Leben. Unsere Vorfahren wußten dies, und deshalb verehrten sie das Leben, die Liebe und den Tod gleichermaßen.'

Dann sprach Krishnaji davon, daß das Chaos in der Welt nichts als eine Reflexion des individuellen Chaos sei. Der menschliche Geist, der in der Zeit, im Denkprozeß gefangen war, sei ein totes Gebilde und könne nicht kreativ auf das Chaos einwirken, sondern würde die Verwirrung nur noch vergrößern. Der Mensch müsse sich von der ,psychischen Zeit', der inneren Bindung an die Vergangenheit und der Projektion in die

---

[1] dies., S. 130

Zukunft befreien. Er müsse im ,Hier und Jetzt' handeln und sich so transformieren."[1]

Krishnamurti war stets ein genauer Beobachter und schilderte die beobachteten Szenen mit Poesie und Reflexion. So geschah es, als er einmal mit dem Zug von Delhi nach Benares fuhr. Ein Mann, der im gleichen Abteil saß, stellte ihm Fragen über den Tod und die Möglichkeit eines Weiterlebens danach. Da hielt der Zug an einem kleinen Bahnhof.

Krishnamurti erzählt:

„Der Zug hatte gerade angehalten, als draußen ein zweirädriger Pferdekarren vorbeifuhr. Auf dem Karren lag ein Leichnam, der in ungebleichtes Tuch gehüllt und an zwei frischgeschnittenen Bambusstangen festgebunden war. Er wurde aus irgendeinem der umliegenden Dörfer zum Verbrennungsplatz am Fluß gebracht. Als der Karren über die unebene Straße holperte, wurde der Leichnam unter dem Tuch hin und her gerüttelt; der Kopf schlug von einer Seite auf die andere. Außer dem Wagenlenker saß noch eine weitere Person auf dem Karren – wahrscheinlich ein naher Verwandter, denn seine Augen waren vom Weinen gerötet. Der Himmel zeigte sich im zarten Blau der ersten Frühlingstage; die Kinder spielten schreiend und johlend im Schmutz der Straße. Der Tod war hier wohl ein alltägliches Ereignis, denn niemand schenkte dem Leichnam die geringste Beachtung. Selbst mein Reisegefährte, der mich so ausführlich über den Tod befragt hatte, bemerkte den Karren und seine Last nicht!"[2]

Krishnamurti betonte, dass man jeden Augenblick sterben müsse.

„Wie notwendig ist es, täglich zu sterben, minütlich zu sterben für alles, was gestern war und für den Augenblick, der gerade

---

[1] dies.
[2] dies., S. 152

vorüber ist! Ohne den Tod gibt es keine Erneuerung, keine Schöpfung. Die Last der Vergangenheit läßt ihre eigene Kontinuität erstehen, und die Sorgen von gestern schenken den Sorgen von heute neues Leben."[1]

Zwischen dem 28. Mai und dem 20. Juni 1948 wiederholte sich in Ootacamund, einem Gebirgserholungsort in Südindien, seine Kundalini-Erfahrung. Er machte wieder außerkörperliche Erfahrungen. Pupul Jayakar und Nandini Mehta waren in dieser Zeit bei ihm und bekamen alles mit, was für sie beängstigend war, v.a. da sie nichts von seinem ähnlichen Zustand in der Vergangenheit wussten.

Ab Sommer 1950 hielt sich Krishnamurti wieder in Ojai auf, um sich länger von seiner anstrengenden Vortragstätigkeit zu erholen. Er hatte kein Programm. Es gab keine Treffen, keine Reden und keine Diskussionsrunden. Er traf wieder Rajagopal und Rosalind. Nach etwa 18 Monaten kehrte er im Winter 1951 nach Indien zurück. Rajagopal begleitete ihn diesmal und kümmerte sich um das Organisatorische. Zunächst setzte Krishnamurti sein Schweigen fort und hielt keine Vorträge. Erst 1952 nahm er seine Vortragstätigkeit wieder auf, die ihn wie zuvor in verschiedene Städte führte.

Krishnamurti interessierte sich von früh an für Erziehung. Er hielt öfter Reden vor Schülern und Lehrern, kritisierte das Bildungssystem als zu rückwärtsgewandt und propagierte eine ideologiefreie Erziehung. Er liebte Kinder und glaubte, wenn sie ohne Vorurteile, Religionen und traditionelle Ideologien, ohne Nationalismus und Wettstreit erzogen würden, könnte es mehr Frieden in der Welt geben. Trotz einer ideologiefreien Erziehung erwartete er einen hervorragenden akademischen Standard.

---

[1] Lutyens: Biographie, S. 136

Einmal schilderte er seine Vision von einer perfekten Schule folgendermaßen:

„Nun, das Wichtigste ist, eine Atmosphäre von Erhabenheit und Weite zu schaffen. Man muß das Gefühl haben, einen Tempel zu betreten. Der Ort muß Schönheit, Ruhe und Würde ausstrahlen. Zwischen den Schülern und Lehrern muß ein Gemeinschaftsgefühl entstehen; ein Gefühl des gemeinsamen Blühens, ein Gefühl, sich an einem gesegneten Ort zu befinden. Dieser Ort muß frei sein von Furcht, die Menschen müssen aufrichtig sein. Wenn die Kinder ihre Hände auf die Erde legen, müssen sie das Jenseitige spüren.

Ich würde damit beginnen, die Kinder zu lehren, allem gegenüber achtsam, aufmerksam zu sein. Ich würde mich fragen, wie ich das Kind lehren kann zu lernen, ohne daß das Gedächtnis – der Speicher im Kopf – ständig im Vordergrund steht. Ich würde über Achtsamkeit sprechen, nicht über Konzentration. Ich würde das Kind lehren, die Art, wie es schläft, ißt, spielt, die Möbel in seinem Zimmer, die Bäume, die Vögel, seine ganze Umgebung, bewußt wahrzunehmen. Ich würde dafür sorgen, daß es in einer Atmosphäre der Achtsamkeit aufwächst."[1]

In Rishi Valley, in der Nähe seines Heimatorts Madanapalle, war eine Schule im Sinn Krishnamurtis entstanden, die er regelmäßig besuchte. Er gründete im Lauf seines Lebens insgesamt sieben Schulen, fünf in Indien, eine in England und eine in Kalifornien. Sein Interesse an Bildung zeigt sich in mehreren Büchern. Immer wieder besuchte er diese Schulen, hielt seine Reden und schrieb Briefe an die Lehrer und Schüler, in denen er seine Vision von Erziehung, Bildung, Lehre und Lernen mitteilte, um auf diese Weise mit ihnen in Kontakt zu bleiben.

In einem seiner Briefe an eine Schule schrieb er:

---

[1] dies., S. 191

„Eine Schule ist ein Ort des Lernens und daher heilig. Die Kirchen, Tempel und Moscheen sind nicht heilig, denn sie haben aufgehört zu lernen. Sie glauben, sie sind gläubig, und das verleugnet völlig die große Kunst des Lernens, während eine Schule wie die, an die dieser Brief gerichtet ist, ganz dem Lernen gewidmet sein muss, nicht nur der Welt um uns herum, sondern im Wesentlichen dem, was wir Menschen sind, warum wir so glauben, wie wir es tun, und der Komplexität des Denkens. ... Lernen und die Anhäufung von Wissen sind zwei sehr unterschiedliche Dinge. Wissen muss immer unvollständig sein, während Lernen Ordnung ist. Unordnung ist im Wesentlichen Konflikt, Selbstwiderspruch und Spaltung zwischen Werden und Sein. Ordnung ist ein Zustand, in dem Unordnung nie existiert hat. Unordnung ist die Fessel der Zeit."[1]

Im Frühjahr 1953 war er mit Rajagopal in Bombay. Dieser bevormundete ihn zusehends, was Krishnamurti sehr zusetzte. Bei einem Wortwechsel wurde das Zerwürfnis offenkundig. Trotzdem blieben sie noch zusammen.

1954 erschien sein Buch „The First and Last Freedom" (Schöpferische Freiheit) mit einer Einleitung von Aldous Huxley, was viele Menschen zu seinen Vorträgen zog.

Die folgenden Jahre verbrachte er in Indien, Ceylon, Australien, Amerika, Südamerika und Europa. 1956 kam er auch nach Hamburg. Er war stets auf Reisen und traf viele berühmte Persönlichkeiten. Wenn er in Madras (Chennai) war, wohnte er in Vasanta Vihar ganz in der Nähe der Niederlassung der TG, wo heute das Hauptquartier der Krishnamurti-Bewegung ist. Im Lauf der Zeit entstanden verschiedene Zentren in Indien, Europa und Amerika und später auch in Kanada.

Immer wieder legte er Ruhezeiten ein, in denen er keine Vorträge hielt, sich zurückzog und in der Natur war. Und immer wieder war er krank. So hatte er sich z.B. Mitte August 1950

---

[1] Lutyens: Door, S. 45

eine so schwere Nierenentzündung zugezogen, dass er zum ersten Mal in seinem Leben Antibiotika nahm. Er wurde so schwach, dass man ihn zeitweise füttern musste, und lag sieben Wochen im Bett. Später musste er sich an der Prostata operieren lassen und hatte zudem eine Bruch-Operation. Er schien oft besorgt, er könne leicht durch die „offene Tür gehen" und nicht mehr wiederkehren, denn, sein Leben habe sich immer schon sehr nahe an der Grenze zum Tod bewegt.

Krishnamurti mit Pupul Jayarkar links und Indira Gandhi rechts

Manchmal war Krishnamurti desillusioniert, da er in Indien keine Veränderung sah. Oft kamen junge Leute zu ihm, die, von seiner Ausstrahlung angezogen, von ihm eine Instant-Erleuchtung erwarteten und nicht verstanden, dass dazu harte Arbeit nötig war. Nur wenige waren bereit, nach innen zu gehen.

Die Beziehung zu Rajagopal verschlechterte sich erneut. Dieser hatte inzwischen als Präsident der Krishnamurti Writings Incorporation (KWINC) in Ojai die Finanzen und Manuskripte unter seiner alleinigen Kontrolle. Krishnamurti wollte wieder in den Vorstand und die Kontrolle über seine eigenen Werke zurückerhalten, aber Rajagopal ließ es nicht zu. Es kam zunehmend zu Zerwürfnissen zwischen den beiden, die 1969 zu einem Rechtsstreit führte. Es vergingen Jahre, bis eine einvernehmliche Lösung gefunden werden konnte.[1] Schließlich wurde die KWINC aufgelöst, und die Rechte an den Büchern, Manuskripten, Tonbandaufnahmen und Briefen wurden der Krishnamurti Foundation of America übertragen.

In Europa hatte sich eine neue Gruppe gebildet, die lebhaftes Interesse an Krishnamurtis Person und Lehre zeigte. Das erste Treffen in Saanen in der Schweiz fand 1961 statt und zog Menschen aus aller Welt an. Anfangs hielt er seine Vorträge im Rathaus. Dann wurde für ihn ein Stück Land gepachtet, auf dem ein Kuppelzelt errichtet wurde, in dem 900 Personen Platz fanden. Oft erholte er sich danach im benachbarten Chalet Tannegg in Gstaad, wo Vanda Scaravelli, eine seiner Unterstützerinnen, sich um ihn kümmerte. Bis zu seinem Tod 1986 hielt er jährlich eine Vortragsreihe in Saanen. Schließlich wurden seine Reden, die er dort gab, publiziert.[2]

Krishnamurti machte immer wieder transzendente Erfahrungen, auf denen seine Lehre beruhte. So schrieb er 1962:

„Ganz plötzlich stellte sich die unerkennbare Unermeßlichkeit ein. Sie befand sich nicht nur im Zimmer und außerhalb des Zimmers, sondern auch tief, in den tiefsten Winkeln, die einmal der Verstand (mind) gewesen waren. … Diese Unermeßlichkeit hinterließ keine Spuren, sie war gegenwärtig, klar, stark, undurchdringlich und unnahbar, die Intensität eines Feuers, das keine Asche hinterließ. Mit ihr kam Glückseligkeit … die Vergangenheit und das Unbekannte begegnen sich an keinem Punkt. Man kann sie durch keine Handlung zusammenbringen. Es gibt keine Brücke, die man überschreiten könnte, noch gibt

---

[1] Eine völlig andere Sichtweise zu Rajagopals Gunsten vertritt seine Tochter Radha Rajagopal Sloss in ihrem Buch.
[2] Einige seiner Vorträge in Saanen sind auf https://www.krishnamurti.ch/ als Tonaufnahmen zu finden.

es einen Pfad, der dort hinführt. Die beiden sind sich niemals begegnet und werden sich nie begegnen."[1]

Krishnamurti mit Schülern der Brockwood Park Schule

Nach jeder Vortragsreihe legte er eine Ruhepause ein. Er liebte es bis zu seinem Lebensende, den Schneider aufzusuchen, die Stoffballen zu prüfen und sich um seine Garderobe zu kümmern. Er besuchte oft den Friseur. Seine Manieren waren untadelig. Wenn er mit seinen Freunden essen ging, beobachtete er, wie die anderen Leute gekleidet waren und sich benahmen. In den Buchläden füllte er seinen Vorrat an Krimis auf. Er interessierte sich auch für Filme. Autos faszinierten ihn bis zuletzt. Er besaß in allem einen guten Geschmack und einen feinen Sinn für Ästhetik. Seine Haltung war bis ins hohe Alter aufrecht. Fast bis zuletzt machte er Yoga-Übungen für seine Gesundheit.

Ab Mitte der 1960er Jahre stellten sich in Krishnamurtis Leben zwei neue beständige Freunde ein. Der eine war der 35jährige Alain Naudé, ein Pianist aus Südafrika, der in Europa Konzerte

---

[1] Lutyens: Biographie, S. 150

gegeben hatte. Er wurde zu Krishnamurtis neuem Sekretär und Reisebegleiter, der sich um alles kümmerte. Zudem schloss sich ihm Mary Zimbalist, die verwitwete Frau eines Film-Produzenten, an und begleitete ihn. Oft war Krishnamurti zu Gast in ihrem Haus in Malibu in Kalifornien und hielt Vorträge in Santa Monica.

1968 wurde die Brockwood Park School in Hampshire, England, vom Krishnamurti Foundation Trust erworben. Krishnamurti besuchte die Schule bis 1985 zweimal im Jahr und sprach mit Lehrern und Schülern bei den jährlichen Versammlungen. Zudem wurde die Krishnamurti Foundation in England gegründet, um die Verbreitung der Lehre und Publikationen weltweit zu koordinieren.

1970 wurde die Krishnamurti Foundation India gegründet, die in Indien seine Vorträge organisierte, sich um seine Publikationen kümmerte und Schulen unterstützte. Auch in Ojai wurde eine entsprechende Organisation gegründet.

In den 70er Jahren erschienen viele seiner Bücher. Von den späteren Jahren gibt es Tonbandaufzeichnungen und Videoaufnahmen von seinen Vorträgen, die jetzt alle auf Youtube zu finden sind.

Im Juli 1980 wurde Radha Burnier zur Präsidentin der TG gewählt. Sie war eine Nichte von Rukmini Arundale, und Krishnamurti kannte sie schon lange. Zum ersten Mal seit seiner Trennung von der TG besuchte er das Hauptquartier wieder, wo sich viele Menschen versammelt hatten, um ihn zu begrüßen. Er ging auch am Strand spazieren, wo Leadbeater ihn einst entdeckt hatte.

Der Amerikaner Scott Forbes stieß in den späten Jahren zu Krishnamurti. Er war zunächst für die Videos, die von Krishnamurti entstanden, verantwortlich und übernahm dann die Leitung der Brockwood-Schule.

Der Unternehmer für Badarmaturen Friedrich Grohe hatte sich aus seinem Geschäft zurückgezogen und kam nach Tannegg, um Krishnamurti zu treffe. Er finanzierte den Bau eines Studienzentrums für Erwachsene im Brockwood Park, was Krishnamurti ein großes Anliegen war. Dort sollte die Möglichkeit bestehen, auch nach seinem Tod seine Lehre zu studieren und sich auszutauschen. Er achtete sehr darauf, dass es in einer ansprechenden und der Sache förderlichen Architektur errichtet wurde. Das Krishnamurti Centre, wie es dann hieß, wurde allerdings erst 1987, nach Krishnas Tod, fertiggestellt.

Krishnamurti diskutierte viel mit Wissenschaftlern aller Art wie etwa mit dem Quantenphysiker David Bohm, der Professor für theoretische Physik an der Londoner Universität und ein Freund von Einstein war. Alle wissenschaftlichen Neuerungen interessierten ihn. Solche Dialoge wurden in der Regel aufgezeichnet.

1984 nahm er an einem Symposium von Wissenschaftler über „Kreativität in der Wissenschaft" in New Mexico teil. Er sprach zu etwa 700 Wissenschaftlern und sagte, dass das Wissen niemals kreativ sein könne, weil es unvollkommen sei.

„Ganz gewiß kann Schöpfung sich erst dann ereignen, wenn das Denken schweigt ... Die Wissenschaft ist Bewegung des Wissens, das immer mehr und mehr zusammenträgt, das ‚mehr' ist das Maß, und Denken kann gemessen werden, weil es ein materieller Vorgang ist. Wissen birgt seine eigene beschränkte Einsicht, seine eigene beschränkte Erschaffung, aber das führt zu Konflikt. Wir sprechen hier über eine holistische Wahrnehmung, in die das ‚Ego', das ‚Ich', die Persönlichkeit nicht eintritt. Erst dann kann es das geben, was man Kreativität nennt. So ist es."[1]

Krishnamurti liebte klassische Musik, v.a. Mozart und Beethoven, aber auch indischen Gesang. Als er wieder einmal

---

[1] dies., S. 223

nach Brockwood kam, war ein CD-Player in seinem Zimmer installiert worden, was ihm große Freude bereitete. Scott Forbes erzählt:

„Über viele Jahre ging ich oft zu K. nach oben ins Schlafzimmer, während er frühstückte. Dann hörte er immer Musik. Er pflegte mit dem Tablett auf dem Schoß in seinem Bett zu sitzen, und seine Füße tanzten dabei ganz leicht, fast unsichtbar, unter der Decke zur Musik. Ich hörte dann entweder eine Weile mit zu oder in späteren Jahren lauschte ich dem ganzen Stück, das er sich anhörte. Es hatte nichts mit der Tatsache zu tun, daß es ein großartiges Stereo-System war. Es lag vielmehr an der besonderen Art des Zuhörens, die über das, an was ich gewohnt war, weit hinausging, und die sich ganz natürlich einstellte, wenn ich mit ihm zusammen Musik hörte."[1]

In den letzten Jahren wollte er junge Leute finden, die seine Arbeit fortsetzten. Es war ihm wichtig, dass seine Lehre nicht interpretiert wurde. Niemand anderer sollte in seinem Namen sprechen, und es sollte kein Tempel um seine Lehre errichtet werden.

---

[1] dies., S. 225

Krishnamurtis Ende

Bei einer von Krishnamurtis letzten öffentlichen Reden am 4.1.1986
in Madras (Chennai)

Krishnamurti wurde oft gefragt, warum er nach so vielen Jahren und im hohen Alter immer noch Vorträge hielt. Er antwortete:

„Ich denke, wenn man etwas Wahres und Schönes sieht, möchte man den Menschen davon erzählen, aus Zuneigung, aus Mitgefühl, aus Liebe. Und wenn es Menschen gibt, die sich nicht dafür interessieren, dann ist das in Ordnung. Kann man eine Blume fragen, warum sie wächst, warum sie duftet? Es ist derselbe Grund, aus dem der Redner spricht.“[1]

---

[1] Vortrag in Madras [Chennai], 4. 1.1986

Jayakar berichtet ausführlich über seinen Tagesablauf am Ende seines Lebens:

„Im Alter von neunzig Jahren verläuft Krishnamurtis Tag kaum anders als in den vergangenen vierzig Jahren. Wenn er in Indien ist, wacht er bei Sonnenaufgang auf, alle Sinne sind wach, aber kein einziger Gedanke kommt auf, bis er aus weiter Ferne zu sich kommt. Stets beginnt er den Tag mit Yoga-Asanas und Atemübungen – Pranayama. Beides dauert je fünfundvierzig Minuten und stärkt den Körper, die Nerven, die Muskeln und das Gewebe, öffnet jede Pore des Körpers, so daß er in natürlicher Harmonie atmen kann.

Um acht Uhr nimmt er sein Frühstück ein, das meistens aus Früchten, Toast mit Butter und Vollweizen besteht. Manchmal ißt er auch südindische Idlis oder Dosas, gedämpfte Reiskuchen mit Kokosnuß-Chutney. Am Frühstückstisch versammeln sich seine engsten Vertrauten, um über die Schulen, über Ausbildung, Bewußtsein, die Desintegration des Menschen, Computer und die Rolle künstlicher Intelligenz zu sprechen. Er fragt sie nach den neuesten Entwicklungen in Indien und dem Rest der Welt. Wir sprechen offen über Gewalt, Korruption, den Verfall der Werte, die Zukunft der Menschheit oder die Mutation des menschlichen Geistes. Alle beteiligen sich an den Diskussionen, die dennoch stets geordnet und ruhig verlaufen.

Zu manchen Themen, besonders den politischen, hat er eine fast kindliche Einstellung, aber alle Fragen, die sich um Seele und Bewußtsein drehen, behandelt er mit größter Ernsthaftigkeit. Er macht oft Pausen, läßt Fragen offen und antwortet mit leidenschaftlicher und doch würdevoller Stimme.

Falls für den Vormittag eine Gesprächsrunde anberaumt ist, sind die Gespräche am Frühstückstisch nur kurz. Wir trennen uns, um uns gegen 9.30 Uhr zur kleinen Diskussionsgruppe wieder zu treffen. Diese Diskussionen dauern gewöhnlich bis 11.00 Uhr, und danach kann jemand, der ein persönliches

Problem oder Sorgen hat, allein mit ihm sprechen. Manchmal nimmt er die Person für kurze Zeit mit auf sein Zimmer. Wenn keine Gruppendiskussionen stattfinden, dauern die Gespräche mit seinen Vertrauten gewöhnlich zwei bis drei Stunden. Wir diskutieren über den Tod, über Gott oder den Beobachter und das Beobachtete. Diese Sitzungen führten uns zu einigen der tiefsten Einsichten.

Gegen 11.30 Uhr zieht er sich mit Zeitschriften, wie The Economist, Time, Newsweek, Bildbänden von Bäumen, Landschaften, Vögeln oder einer Erzählung für eine halbe Stunde auf sein Zimmer zurück. Er liest selten ernste Bücher, aber er ist sehr gut über die allgemeine Weltlage, über neueste Errungenschaften in Wissenschaft und Technik und über jene zerstörerischen Entwicklungen, die den Menschen von sich und der Natur entfremden, informiert. Mittags nimmt er ein sehr heißes Bad und bekommt danach eine Ölmassage. Gegen 1.00 Uhr gibt es Mittagessen. Er ißt indisch, aber er vermeidet gebratene Speisen und normalerweise auch Süßigkeiten. Scharfe und sauer eingelegte Gemüse, von denen er winzige Portionen ißt, gehören zu seinen Leibspeisen.

Auch beim Mittagessen, zu dem oft Gäste eingeladen werden, finden Gespräche statt. Die Themen führen uns von internationalen Angelegenheiten über wissenschaftliche Errungenschaften bis hin zur atomaren Aufrüstung und den damit verbundenen, unlösbaren Problemen. Krishnaji ist ungeheuer neugierig und stellt viele Fragen. Neue wissenschaftliche Entdeckungen faszinieren ihn, und manchmal scheint er in die Zukunft zu schauen, und seine Worte klingen prophetisch. Mit seinen Einsichten ist er seiner Zeit weit voraus, und er erkennt die Zusammenhänge zwischen einzelnen Ereignissen und der globalen Situation auf unserem Planeten. Oft fragt er Besucher: ‚Was geschieht in diesem Land? Weshalb haben seine Bewohner jegliche Kreativität verloren?‘ Er ist mit keiner Antwort zufrieden. Der ernsthaft Suchende soll die Frage, auf die es keine Antwort gibt, in seinem Inneren wirken lassen und so ihre Bedeutung erkennen. Wir müssen die Frage nach der Ursache des inneren Verfalls stellen und darüber meditieren.

Seine Aufnahmefähigkeit ist erstaunlich. Einmal sagte er zu mir, einige Fragen müßte man eine ganze Ewigkeit im Innern wirken lassen. Beim Mittagessen nimmt er gewöhnlich die Frage, mit der er sich am Frühstückstisch beschäftigte, wieder auf. Manchmal erzählt er auch kleine Geschichten – Anekdoten von seinen Begegnungen mit wilden Tieren oder Witze über Petrus und Himmel und Hölle oder Rußland und die Funktionäre, die er mit Gesten und seinem unvergleichlichen Lachen unterstreicht. Er ist so völlig ohne Arg. Fremden gegenüber ist er scheu und zurückhaltend, und manchmal muß jemand anderes ein verlegenes Schweigen überbrücken. […]

Nach dem Essen ruht Krishnaji gewöhnlich eine Weile. Gegen vier Uhr nachmittags empfängt er wieder Besucher. Einer blinden Frau legt er die Hand auf die Augen, eine andere Besucherin, die ihr Kind verloren hat, tröstet er, indem er still ihre Hand hält und symbolisch ihre Tränen wegwischt. Ein junger Mann kommt voll inneren Aufruhrs, ein Gefangener seiner eigenen aggressiven Energie, um bei Krishnaji Rat zu suchen. […]

Kurz bevor die Sonne untergeht, macht er sich auf seinen täglichen Spaziergang. Oft begleiten ihn seine engsten Vertrauten und deren Kinder oder Enkelkinder. Selbst heute, mit neunzig, schreitet er noch aus wie ein junger Mann – aufrecht und kraftvoll. Manchmal nimmt er eines der Kinder an der Hand und lacht und scherzt mit ihm. Gewöhnlich legt er drei Meilen zurück und nimmt dabei die Energie der Erde und Pflanzen auf, lauscht den Klängen und Geräuschen, die von weither herübergeweht werden. Er spricht sehr wenig auf diesen Spaziergängen, und manchmal zieht er es vor, allein vorauszugehen. Er scheint dann auch innerlich sehr weit weg zu sein. Manchmal sagte er, während dieser Spaziergänge tauche nicht ein einziger Gedanke auf.

Wieder zu Hause nimmt er ein Bad und macht noch einmal die Pranayama Übungen. Danach gibt es ein leichtes Abendessen – meistens Salat, Früchte, Nüsse, Suppe und gedünstetes Gemüse. [...]

Um halb elf Uhr abends geht er zu Bett. Kurz vor dem Einschlafen ziehen die Ereignisse des Tages noch einmal an seinem geistigen Auge vorüber, und dann sind der ganze Tag und alle vergangenen Tage plötzlich ausgelöscht. Sein Körper rollt sich im Schlaf ganz zusammen, und er mag es nicht, wenn man ihn plötzlich aufweckt. Er hat mir erzählt, daß er sehr selten träumt. Wenn er morgens aufsteht, wirkt das Bett fast unberührt.

Bei seinen öffentlichen Vorträgen, die manchmal von bis zu siebentausend Zuhörern besucht werden, trägt er auch heute noch einen breiten, roteingefaßten Dhoti und eine lange, honigfarbene Robe. Krishnaji geht durch die Menschenreihen zum Podium, und wenn er Platz genommen hat, beginnt seine Energie die Zuhörer zu umfangen und in seinen Bann zu ziehen."[1]

Im Juli 1985 spürte Krishnamurti in Rougemont in der Schweiz zum ersten Mal die Vorzeichen seines nahenden Todes. Ende September sagte er zu Jayakar: „Seit meinem letzten Aufenthalt in der Schweiz weiß ich, wann ich sterben werde. Ich kenne die Stunde und den Ort, aber ich werde es niemandem sagen. Die Manifestation hat begonnen, sich aufzulösen."[2]

Einmal sagte er über den Tod:

„Leben und Tod gehen Hand in Hand, sie sind wie zwei Seiten einer Münze. Die Angst vor dem totalen Alleinsein, vor Isolation, vor dem Ausgelöschtsein ist der Grund, weshalb wir in solchem Widerspruch zum Tod leben, doch das Schöpferische liegt im Ende, nicht im Fortbestehen.

[1] Lutyens: Biographie, S. 456-460
[2] Jayakar: Krishnamurti, S. 463

Wenn ein Leben zu Ende geht – von Augenblick zu Augenblick – befindet sich der Mensch in einem außerordentlichen Zustand. Er ist ‚Nichts'. Man nähert sich dem Abgrund einer ewigen Strömung und stürzt über den Rand – das ist der Tod. Ich möchte alles über den Tod wissen, denn der Tod könnte die Wahrheit, Gott, dieses außergewöhnliche, lebendige, sich bewegende Etwas sein."[1]

Jayakar führte mit Krishnamurti einmal ein langes Gespräch über den Tod. Er sagte:

„Der Tod kommt ..., und er bedeutet schließlich das Ende des Wissens. Das ist es, woran wir festhalten – zu wissen, daß ein Mensch stirbt, und ich habe mich um ihn gekümmert, habe ihn geliebt –, darin liegt der ganze Konflikt. Kann man die Erinnerung daran vollkommen, absolut loslassen?"

Er machte eine Pause. „Das ist Tod."

Krishnaji sprach sehr langsam, um sich Schritt für Schritt an diese bedeutungsvolle Frage heranzupirschen.

Jayakar: „Kann man, wie du einmal sagtest, ‚das Haus des Todes schon während des Lebens betreten'?"

„Ja", antwortete er.

„Was genau bedeutet das?"

„Es bedeutet, daß man den Tod einlädt, während man noch lebt. Es heißt nicht, Selbstmord zu begehen, eine Pille zu schlucken und sich davonzumachen. Ich spreche vom Beenden – tatsächlich mit etwas abzuschließen, an dem man sehr gehangen hat. Wir halten an der Erinnerung fest und leben in der Erinnerung. Wir pflegen sie und finden daher niemals heraus, was es heißt, wenn etwas wirklich endet. Das ist sehr bedeutungsvoll. Es geht darum, jeden Tag alles, was man psychisch angesammelt hat, hinter sich zu lassen."

---

[1] dies., S. 225

„Heißt das, jegliche Verhaftung muß aufgegeben werden?"

„Das ist Tod", erwiderte er.

Jayakar fragte ihn weiter, welche Bedeutung der Tod habe. Er antwortete: „Keine. Er hat keine Bedeutung, denn du lebst die ganze Zeit mit dem Tod, da du alles sofort beendest. Ich glaube, wir begreifen nicht, welche Schönheit und Bedeutung im Beenden liegt. Wir sehen nur die Kontinuität mit ihren Augenblicken der Schönheit und ihrer Oberflächlichkeit. […] Was bedeutet es, wenn etwas endet? Das Ende der Kontinuität? Der Kontinuität eines bestimmten Gedankens, eines bestimmten Wunsches oder jener Prozesse, die dem Leben Kontinuität verleihen? In der langen Zeitspanne zwischen Geburt und Tod herrscht eine tiefe Kontinuität. Sie ist wie ein Fluß, und die Menge des Wassers läßt den Fluß zum Ganges, zum Rhein oder zum Amazonas werden. Aber wir leben an der Oberfläche dieses gewaltigen Stromes; wir können die Schönheit seiner Tiefe nicht sehen, wenn wir immer an der Oberfläche schwimmen. Das Ende der Kontinuität ist das Ende des oberflächlichen Lebens."

Jayakar: „Was stirbt?"

Krishnamurti: „Alles, was ich angesammelt habe – innerlich und äußerlich. Ich habe ein gutgehendes Geschäft aufgebaut, habe ein schönes Haus, eine nette Frau, liebe Kinder, und meine Lebensweise verleiht dem Ganzen Kontinuität. Kann man das beenden?"

Krishnamurti erklärt weiter, dass das, was er wahres Bewusstsein nennt oder auch anders, nichts mit dem Körper und Geist von Krishnamurti zu tun hat, der stirbt. Es besteht unabhängig weiter, da es nicht sterben kann.[1]

---

[1] dies., Kapitel 40 „Die Bedeutung des Todes"

Krishnamurtis letztes öffentliches Gespräch, das aufgezeichnet wurde, war am 4.1.1986 in Madras. Er sagte:

„Die Schöpfung ist das Heiligste. Sie ist das Heiligste im Leben, und wenn Ihr aus Eurem Leben ein Wirrwarr gemacht habt, ändert es. Ändert es heute, nicht morgen. Wenn Ihr unsicher seid, findet heraus warum und erlangt Gewißheit. Wenn Euer Denken nicht gerade ausgerichtet ist, denkt geradeaus, logisch. Ihr könnt diese Welt der Schöpfung nicht betreten, wenn Ihr das nicht alles vorbereitet, das nicht alles erledigt habt."[1] Die weiteren Worte waren unverständlich.

Am 11.1.1986 bekam Krishnamurti starke Magenschmerzen. Die lange Flugreise von Indien nach Los Angeles setzte ihm sehr zu. Am 22.1. kam er ins Krankenhaus in Santa Paula. Er wurde in ein Privatzimmer auf der Intensivstation gelegt. Eine Röntgenaufnahme zeigte einen Darmverschluss. Es wurde ein Schlauch durch die Nase eingeführt, um die Flüssigkeit abzupumpen, und ein intravenöser Zugang gelegt. Man stellte fest, dass er stark unterernährt war und nur noch 94 Pfund wog. Nachdem er all diese unangenehmen Dinge erdulden musste, meinte er: „Ich muss das hinnehmen. Ich habe schon so viel hingenommen."

Er verbrachte acht Tage im Krankenhaus und erhielt eine Bluttransfusion, um ihm Kraft zu geben. Er sagte zu Mary Zimbalist und Scott: „Es sieht so aus, als ob ich sterben werde", so als hätte er das nicht so schnell erwartet, aber es hinnahm wie so vieles andere auch. „Ich frage mich, warum das ‚Andere' den Körper nicht gehen lässt." Und zu Mary: „Ich beobachte es, es ist ganz merkwürdige. Das ‚Andere' und der Tod kämpfen miteinander."[2]

---

[1] Lutyens: Biographie, S. 243
[2] dies., S. 246 Krishnamurti sprach oft vom „Anderen", das er nicht persönlich verstand und nicht näher definierte, als etwas, das von ihm Besitz ergriffen hatte. Er erlebte dieses „Andere" oft in Meditationen,

Am 27. 1. wurde er zur Computertomografie in einem großen Transporter geladen, der die örtlichen Krankenhäuser bediente. Wie für ihn typisch, war er sehr an den mechanischen Vorgängen interessiert. Er erhielt die Diagnose Bauchspeicheldrüsenkrebs. Er akzeptierte Morphin gegen die Schmerzen. Früher hatte er selbst bei starken Schmerzen keine Schmerzmittel genommen.

Sobald er wusste, dass er sterben würde, und während er noch im Krankenhaus lag, hatte er einige Personen aus Indien kommen lassen, um ihnen seine letzten Anweisungen für die Arbeit in Indien zu geben.

Da er nicht im Krankenhaus sterben wollte, kehrte er am 30.1. nach Ojai zurück. Eine Gruppe Freunde begleitete ihn während seiner letzten Lebenstage. Er wurde rund um die Uhr gepflegt. Er war so froh, wieder in Ojai zu sein, dass er darum bat, eine Schallplatte mit Pavarottis Neapolitanischen Liedern aufzulegen, und nach einem Tomatensandwich und Eiscreme verlangte. Doch bereits der erste Bissen war zu viel. Es war die letzte feste Nahrung, die er zu sich nahm. Danach wurde er künstlich ernährt.

Er traf die letzten Vorkehrungen seine Publikationen betreffend. Er wollte, dass seine Vorträge und Schriften weiterhin in England veröffentlicht und in Indien in alle indischen Sprachen übersetzt werden sollten. Bis zuletzt wollte er von allen Vorgängen in Indien und in seinen anderen Niederlassungen informiert werden.

In den letzten Tagen vor seinem Tod sagte er zu Dr. Deutsch, der ihn behandelt hatte und mit dem er befreundet war: „Ich habe keine Angst vor dem Sterben, weil ich mein ganzes Leben

---

die ihn nachts aufweckten. Er glaubte, dass dieses „Andere" bestimmte, was mit ihm geschah, und ihn schützte. Oft fühlte er sich von einer enormen Energie durchdrungen.

mit dem Tod gelebt habe, ich habe niemals irgendwelche Erinnerungen behalten."[1]

Gegen Ende wollte er, dass alle Besucher und Freunde gingen. Er wollte eine Verehrung des toten Körpers verhindern. Alle gingen, außer einigen wenigen, zu denen Scott Forbes und Mary Zimbalist gehörten. Mary Lutyens erzählt, dass er noch typischerweise wissen wollte, welche Automarke sie zum Flughafen brachte. Was er noch zu sagen hatte, ließ er von Scott mit dem Kassettenrekorder aufzeichnen.

Seine letzte Botschaft war:

„Ich habe Ihnen heute morgen gesagt – siebzig Jahre lang hat diese Super-Energie, nein diese unermeßliche Energie, unermeßliche Intelligenz diesen Körper benutzt. Ich glaube nicht, daß die Menschen wissen, was für eine gewaltige Energie und Intelligenz durch diesen Körper strömte – ein Zwölfzylinder-Motor. Siebzig Jahre lang, das war eine ziemlich lange Zeit, und jetzt kann es der Körper nicht mehr aushalten. Niemand – wenn der Körper nicht sehr sorgfältig vorbereitet worden ist, beschützt wird usw. – niemand kann verstehen, was durch diesen Körper hindurchströmte. Niemand. Niemand sollte so tun, als ob er es verstünde. Ich wiederhole das: niemand unter uns noch in der Öffentlichkeit weiß, was vor sich ging. Ich weiß, daß sie es nicht wissen. Und jetzt, nach siebzig Jahren, geht es zu Ende. Nicht, daß diese Intelligenz und Energie ... irgendwie ist sie hier, jeden Tag und besonders nachts. Und nach siebzig Jahren kann es der Körper nicht mehr aushalten, kann es nicht mehr aushalten. Er kann es nicht. Die Inder besitzen darüber eine Menge verdammten Aberglauben – daß du es willst und der Körper geht dahin –, und dieser ganze Unsinn. Viele Jahrhunderte lang werdet Ihr keinen solchen Körper finden oder diese höchste Intelligenz, die in einem Körper wirkt. Ihr werdet sie nicht mehr sehen. Wenn er geht, geht sie mit. Von jenem

---

[1] dies., S. 252

Bewußtsein, von jenem Zustand bleibt kein Bewußtsein zurück. Sie werden alle vorgeben oder versuchen sich vorzustellen, daß sie damit in Verbindung kommen können. Vielleicht gelingt es ihnen irgendwie, falls sie nach der Lehre leben. Aber niemand hat es bis jetzt getan. Niemand. Und so, das ist es nun."[1]

Als Forbes ihn darum bat, einige Punkte näher zu erläutern, da sie missverstanden werden könnten, meinte er: „Du hast kein Recht, dich in das hier einzumischen."

Pupul Jayakar, Mary Zimbalist, Scott Forbes, Mary Lutyens und andere begleitete ihn in seinen letzten Tagen. Die vier Genannten hinterließen ihre Berichte von seiner letzten Lebenszeit.

Jayakar schreibt:

„In Ojai verschlechterte sich sein Gesundheitszustand rapide, und die Diagnose der Ärzte lautete auf Bauchspeicheldrüsenkrebs. Als ich am 31. Januar in Pine Cottage eintraf, war er bereits todkrank. Sein außerordentlich sensibler Körper, der so viele Jahre sorgfältig geschützt worden war, war nun durch die Krankheit fast zerstört. Am ersten Tag nahm er uns nur wie durch einen Schleier wahr. Er hatte jegliches Zeit- und Ortsgefühl verloren. Doch am nächsten Tag raffte er sich noch einmal auf; sein Geist wurde lebendig, die Augen klar und hell. Ich las ihm die mitgebrachten Briefe von Nandini, Sunanda und Rajiv Gandhi vor. Krishnaji hielt meine Hand; sein Griff war noch immer fest, und ich spürte einen starken Strom von Liebe von ihm zu mir fließen. Er sagte, er sei zu schwach, um zu schreiben und bat mich, allen seinen Freunden in Indien seine Liebe zu übermitteln.

Während der nächsten drei oder vier Tage kehrten seine Kräfte noch einmal zurück. Er bat mich, ihn im Rollstuhl zum

---

[1] dies., S. 520 f., Aufzeichnung auf Band

Pfefferbaum zu schieben. Dort saß er allein und verabschiedete sich von den Bergen von Ojai, den Orangenhainen und den vielen Bäumen.

An diesem Abend ging er, auf meine Schulter gestützt, ins Wohnzimmer, legte sich auf das Sofa und blickte ins Feuer. Später sah er sich einen Fernsehfilm an, und die Ärzte meinten, sein Zustand könne sich vorübergehend bessern. Zu mir sagte er: ‚Besuche mich morgen und an allen Tagen, an denen du noch hier bist‘. Also ging ich jeden Morgen zu ihm. Ich setzte mich an sein Bett und hielt seine Hand in meinen beiden Händen, und wir schwiegen gemeinsam. [...]

Am Sonntag, den 9. Februar ging der Tumor zu seinem letzten Angriff über. Krishnaji lag wieder im Bett und fühlte sich sehr schlecht. An diesem Tag durfte ich ihn nicht besuchen, aber am nächsten ließ er mich holen. Er sagte: ‚Ich habe einen langen Spaziergang in den Bergen gemacht. Ich hatte mich verirrt, und sie konnten mich nicht finden. Deshalb konnte ich mich gestern nicht mit dir treffen‘. Für einen kurzen Augenblick leuchtete sein Gesicht auf und wirkte jung und wunderschön.

Am Tag meiner Abreise, am sechzehnten Februar, ging ich gegen ein Uhr Mittag zu Krishnaji und saß eine Weile still an seinem Bett. Er hatte große Schmerzen, aber er war bei klarem Bewußtsein. Ich sagte, ich würde nicht ‚Lebewohl‘ sagen, denn wir würden uns nicht trennen. Mit großer Anstrengung führte er meine Hand an seine Lippen. Sein Griff war fest. Dann lag er da, eingehüllt in eine Stille, die auch mich umfing. Als ich das Zimmer verließ, sagte er: ‚Pupul, heute Nacht mache ich eine lange Wanderung in den Bergen. Die Nebel steigen‘. Ich ging aus dem Zimmer, ohne mich umzusehen. In dieser Nacht, gegen 9.00 Uhr, schlief Krishnaji ein und machte sich auf seinen langen Weg in die Berge. Die Nebel stiegen, aber er ging durch sie hindurch und verschwand.“[1]

---

[1] Jayakar: Krishnamurti, S. 465 f.

Krishnamurti starb am 17. Februar kurz nach Mitternacht im Schlaf in seinem Zimmer im Pine Cottage, von wo aus man den Pfefferbaum sah, unter dem er vor 64 Jahren seine schmerzvolle Bewusstseinstransformation erlebt hatte.

Mary Zimbal berichtet:

„Parchure, Scott und ich waren da wie immer, und wie immer dachte K. an das Wohlergehen der anderen. Er drängte mich: ‚Geht zu Bett, gute Nacht, geht zu Bett, schlaft.' Ich sagte, daß ich das tun würde, aber in der Nähe bliebe. Er schlief ein, und als ich zu ihm hinüberging und mich an seine linke Seite setzte und seine Hand hielt, störte es ihn nicht. Das Kopfende seines Bettes war hochgestellt, weil er so bequemer lag, und seine Augen waren halb geöffnet. Wir saßen bei ihm, Scott zu seiner Rechten und ich zu seiner Linken. Dr. Parchure beobachtete ihn still, kam und ging, der Pfleger, Patrick Linville, blieb im Zimmer nebenan. Langsam vertiefte sich Krishnajis Schlaf in ein Koma, seine Atmung wurde langsamer. Gegen elf Uhr erschien Dr. Deutsch plötzlich und leise. Irgendwann in der Nacht verwandelte sich der verzweifelte eigene Wunsch, daß es ihm besser gehen sollte, in den Wunsch, daß er endlich von seinem Leiden erlöst werden möge. Dr. Deutsch, Scott und ich waren anwesend, als Kirshnajis Herz zehn Minuten nach Mitternacht aufhörte zu schlagen."[1]

Sein Leichnam wurde noch am selben Morgen in Ventura verbrannt. Es waren nur eine Handvoll Freude anwesend. Wie er es gewollt hatte, wurde seine Asche in drei Teile aufgeteilt, von denen je ein Teil nach Ojai, Indien und Brockwood in England gebracht wurde. Wie in Indien üblich, wurde dieser Teil der Asche in den Ganges gestreut. Er hatte bestimmt, dass nach seinem Tod keine Zeremonie stattfinden sollte, weder Gebete noch Feierlichkeiten. Er wollte keine Gedenkstätte, wohin die Leute pilgern konnten, und keinerlei Aufhebens.

---

[1] Lutyens: Biographie, S. 253

Krishnamurtis Lehre in Umrissen

Foto: D. Wadia, KFA, 1948

Krishnamurtis Lehre bestand nicht aus Theorie, sondern aus seiner Erfahrung. V.a. nachdem er sich von der TG gelöst hatte, erarbeitete er sich zunehmend seine eigene Ausdrucksweise. Er sprach oft vom „Anderen", das ihn ergriffen hatte, und erzählte, dass sein Geist bereits von Kindheit an leer gewesen sei. Er sprach nie von „seiner Lehre", sondern einfach von „der Lehre", denn er formte sie nicht. Sie kam vielmehr wie eine Offenbarung zu ihm. Ebenso sprach er nicht von „ich", sondern vom „Sprecher" oder von sich in der dritten Person.

Als Krishnamurti einmal gebeten wurde, seine Lehre zu definieren, antwortete er:

„Fragt Ihr mich? Fragt Ihr mich, was die Lehre ist? Ich weiß das selber nicht. Ich kann sie nicht in ein paar Worten ausdrücken, oder? Ich denke, daß die Vorstellung von Lehrer und Schüler grundsätzlich falsch ist – wenigstens für mich ist sie das. Ich glaube, es ist eher eine Sache des Teilens als des Lehrens."[1]

Mary Lutyens berichtet über seine Art, Vorträge zu halten, wie etwa im Friends Meeting House in Wimbledon in den 1960ern:

„Die Halle war voll besetzt. Im hinteren Teil mußten die Leute sogar stehen. Ich sah nicht, wie er auf das Podium kam. Eben noch stand ein harter Stuhl einsam auf dem Podium, – im nächsten Moment saß er dort, auf seinen Händen, und hatte überhaupt kein Geräusch gemacht, als er eintrat – eine zarte Figur, tadellos in einen dunklen Anzug gekleidet, mit weißem Hemd und schwarzem Schlips, die Füße in auf Hochglanz polierten braunen Schuhen, ordentlich nebeneinander gestellt. Er saß allein auf dem Podium (man stellte ihn nie vor, wie ich schon erwähnte, trug er nie Notizen bei sich). Während eine starke Schwingung von Erwartung die Zuhörerschaft überkam, herrschte in der Halle Totenstille. Er saß in vollkommenem Schweigen, sein Körper ganz ruhig, und er schätzte die Zuhörerschaft ab, mit sanften Körperbewegungen von einer zur anderen Seite. Eine Minute lang, zwei Minuten lang. Ich fing an, um seinetwillen in Panik zu geraten. War er vielleicht zusammengebrochen? Es kribbelte mich aus Angst um ihn am ganzen Körper, als er plötzlich ganz ruhig mit seiner melodischen Stimme und dem leichten indischen Akzent zu sprechen begann und das Schweigen durchbrach.

Später entdeckte ich, daß dieses lange Schweigen am Beginn einer Rede üblich war. […] Ehe er zu sprechen begann, wußte er nahezu nie, was er sagen würde."[2]

In Indien war die Reaktion auf seine Reden viel unmittelbarer als im Westen. Meist sprach er dort im Freien, und es war für

---

[1] Lutyens: Biographie, S. 185
[2] dies., S. 152 f.

ihn schwierig, das Podium zu verlassen, da sich ihm Hände entgegenstreckten, die Leute seine Kleider berühren wollten und so mancher sich ihm zu Füßen warf.

Krishnamurti bediente sich einer unakademischen Sprache. Dennoch ist es nicht immer leicht, seiner Gedankenwelt zu folgen, die sehr sublim ist. Oft wussten seine Gesprächspartner nicht, worauf er eigentlich hinauswollte. Er betonte, dass jeder sein eigenes Licht sein müsse und sich nicht auf Autoritäten, welcher Art auch immer, verlassen dürfe. Er hinterfragte alles, gab aber keinen Weg vor. Er betonte stets, er sei kein Lehrer, der etwas zu lehren habe. Er vermittelte seine Erfahrungen, indem er den Zuhörer an der Hand nahm und mit ihm ein Stück des Wegs ging. Doch er führte zu keinem konkreten Ziel. Er spendete keinen Trost, sondern hielt seinen Zuhörern vielmehr einen Spiegel vor und forderte sie zur Selbsterkenntnis auf. So sagte er etwa:

„Warum wollen Sie inspiriert werden? Ist es nicht darum, weil Sie in sich leer, unsicher, einsam sind? Sie wollen diese Einsamkeit, diese schmerzliche Leere füllen. Sie müssen schon manches ausprobiert haben, sie zu füllen, und Sie hoffen, ihr dadurch zu entfliehen, daß Sie hierhergekommen sind. Dieser Prozeß, die nüchterne Einsamkeit zu überdecken, nennt man Inspiration. Die Inspiration wird dann zu einem bloßen Stimulantium, und jede Stimulation bringt am Ende ihre eigene Langeweile und Unsensibilität."[1]

Krishnamurtis Rede in Ommen am 3.8.1929 war eine Präambel zu seiner späteren Lehre. Was er dort sagte, dem blieb er sein Leben lang treu. Er sah seine Mission darin, den Leuten den Weg zu einem „weglosen Land" zu zeigen. So sagte er: „Mein einziges Interesse besteht darin, den Menschen absolut, bedingungslos frei zu machen."

---

[1] dies., S. 123

Krishnamurti hat viel geschrieben. Seine Vorträge wurden mitnotiert und daraus Bücher erstellt oder auf Band aufgezeichnet, in späteren Jahren sogar gefilmt. So haben wir ein großes Vermächtnis.[1]

Wie bereits gesehen, ließ er keinerlei Autorität mehr gelten und war darin kompromisslos. Er schreibt:

„Seit Jahrhunderten sind wir durch unsere Lehrer, durch unsere Autoritäten, durch unsere Bücher und unsere Heiligen gegängelt worden. Wir erwarten, dass sie uns alles offenbaren, was hinter den Hügeln, den Bergen und der Erde liegt. Und wir sind mit ihrer Darstellung zufrieden. Das bedeutet, dass wir von Worten leben und unser Leben hohl und leer ist. Wir sind Menschen aus zweiter Hand. Wir haben von dem gezehrt, was man uns gesagt hat, und ließen uns entweder durch unsere Neigungen und Absichten leiten oder durch das, was uns durch die Umstände und die Umwelt aufgezwungen wurde. Wir sind das Resultat aller möglichen Einflüsse. In uns ist nichts Neues, nichts, das wir selbst entdeckt haben, nichts Ursprüngliches, Urtümliches, Leuchtendes. […]

Um nun zu entdecken, ob es tatsächlich etwas jenseits dieses unruhigen, schuldvollen, furchterfüllten, ehrgeizigen Daseins gibt oder nicht, scheint es mir, dass man einen ganz anderen Weg gehen muss."[2]

„Wenn ein Guru sagt, er wisse, tut er es nicht ... Erleuchtung ist nicht zu erlangen. Sie ist nicht etwas, das man Schritt für Schritt erreichen kann, als würde man eine Leiter hinaufsteigen. ... Man benutzt das Wort ‚Erleuchtung' nicht gerne. Es ist so beladen mit der Bedeutung, die all diese Gurus geben. ... Egal, ob es sich um östliche oder westliche Gurus handelt,

---

[1] Eine sehr gute Einführung ist der Film mit Mary Zymbalist: On Krishnamurti: Freedom & Authority with Mary Zimbalist: https://www.youtube.com/watch?v=YhORi1i_L0E
[2] Krishnamurti: Einbruch in die Freiheit, S. 10 f.

zweifeln Sie an dem, was sie sagen, zweifeln Sie auch an dem, was der Redner sagt – viel mehr noch, denn obwohl er über all diese Dinge sehr klar ist, bedeutet das nicht, dass er der Einzige ist, der es weiß, was absurd wäre. Der Geist muss frei von jeglicher Autorität sein – keine Anhänger, Jünger und Muster ... niemand kann einem anderen Anleitung geben, Licht spenden. Nur Sie selbst können das tun, aber Sie müssen völlig allein stehen."[1]

„Zur Wahrheit führt kein Pfad, und darin liegt ihre Schönheit; die Wahrheit ist etwas Lebendiges."[2] Und dieses Lebendige, so betont er, ist in Wirklichkeit der Mensch selbst. Deshalb darf der Mensch von niemandem abhängig sein. „Es gibt nur Sie – Ihre Beziehung zu anderen und zur Welt –, nichts sonst ist da."[3]

Nach Krishnamurti ist der Mensch für sich selbst und die Welt verantwortlich. Er muss genau beobachten, was täglich im eigenen Leben geschieht. Dann muss er sich aus eigener Kraft verändern, ohne dass er eine äußere Hilfe in Anspruch nehmen kann. Der Geist des Menschen muss ungebunden, wach und frei sein und wirklich verstehen wollen. Er muss ruhig werden und aufhören, unaufhörlich zu schwatzen. Der Mensch hat verlernt, einfach zu sein. Die Einfachheit besteht darin, unmittelbar und furchtlos auf die Dinge zu schauen, wie sie tatsächlich sind. Wenn das Denken aufhört, beginnt das Schauen.

Man muss auch seine eigenen inneren Glaubenssätze über Bord werfen und sich von allem Vergangenen lossagen, da das Leben fließend ist und der Geist immer frisch und rein sein muss. Dies bedarf einer umfassenden Bewusstheit der inneren Lebensprozesse und dessen, was im Geist vor sich geht. Man muss sich also selbst erforschen und verstehen. Dasselbe gilt

---

[1] Lutyens: Door, S. 27
[2] Krishnamurti: Einbruch in die Freiheit, S. 16
[3] ders.

für die menschlichen Beziehungen und die Gesellschaft, die man ebenfalls verstehen muss.

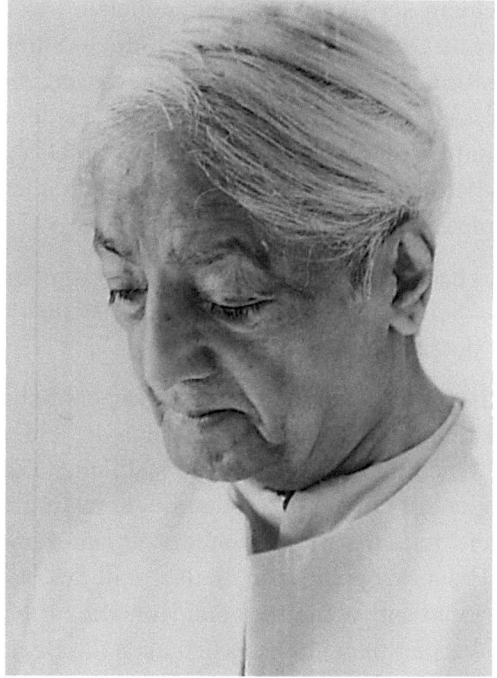

Foto: M. Bedi, Krishnamurti Foundations

Krishnamurti hielt nichts von Reformen, um das soziale Elend zu beenden, denn jede utopische revolutionäre Bewegung in der Geschichte war immer zur alten Ordnung der Dinge zurückgekehrt. Der Einzelne muss sich reformieren, da jede Gesellschaft das Ergebnis des Einzelnen ist. Die Gesellschaft kann nur von innen verwandelt werden.

Von Politik hielt er nicht viel. Er schrieb: „Es ist einfach, Hitler, Mussolini und Co. zu verfluchen, aber diese Haltung von Herrschaft und Machthunger ist im Herzen von fast jedem, deshalb haben wir Kriege und Klassenfeindschaft. Es wird immer

Verwirrung und Haß geben, solange die Quelle nicht davon gereinigt sein wird."[1]

Die Erziehung der Kinder und Jugendlichen war ihm ein Herzensanliegen. Durch Vorgaben von Normen, Sitten, Denk- und Umgangsformen werden Kinder dazu erzogen, sich bestimmten Gesellschaftsstrukturen anzupassen. Dadurch wird der Mensch unfrei, oft ohne es selbst zu spüren. Deshalb wollte er eine ganzheitliche Erziehung ohne Druck, die dazu führt, dass sich der menschliche Geist transformiert.

Zeitlebens hatte Krishnamurti eine enge Verbindung zur Natur, und seine Schilderungen eines Baumes, Blattes oder Flusses sind sehr poetisch, so etwa:

„Wenn man durch den Wald wandert, in dem Schatten und gedämpftes Licht herrschen, und plötzlich auf eine freie Fläche stößt, auf eine grüne Wiese, die von stattlichen Bäumen umgeben ist, oder auf einen glitzernden Bach, dann fragt man sich, warum der Mensch seine Beziehung zur Natur und zur Schönheit der Erde, des gefallenen Blattes und des abgebrochenen Astes verloren hat. Wenn man den Kontakt zur Natur verloren hat, dann verliert man unweigerlich auch die Beziehung zu anderen. Die Natur ist nicht nur die Blumen, der schöne grüne Rasen oder das fließende Wasser in Ihrem kleinen Garten, sondern die ganze Erde mit allem, was auf ihr ist. Wir denken, dass die Natur zu unserem Nutzen, zu unserer Bequemlichkeit da ist, und verlieren so die Gemeinschaft mit der Erde. Diese Sensibilität für das gefallene Blatt und den hohen Baum auf dem Hügel ist viel wichtiger als alle Prüfungen und eine glänzende Karriere. Das ist nicht das ganze Leben. Das Leben ist wie ein riesiger Fluss mit einer großen Wassermenge ohne Anfang und Ende. Wir nehmen aus dieser schnell fließenden Strömung einen Eimer Wasser, und dieses begrenzte Wasser wird unser

---

[1] Lutyens: Biographie, S. 119

Leben. Das ist unsere Konditionierung und unser ewiger Kummer."[1]

Er sprach von einem Baum als einem ganzheitlichen Wesen –
mit seinen Wurzeln, seinem Stamm, den Ästen und Blättern.
Er konnte fragten: „Könnte es nicht plötzlich geschehen – wie
durch ein Wunder, wenn man gedankenverloren in die Wolken
blickt oder die Umgebung wahrnimmt –, daß man sehen kann?
Kann man nicht in einen Zustand gelangen, in dem man außerordentlich empfindsam für jede Strömung der Gedanken und
Gefühle wird?"[2]

Er sprach oft von der richtigen Wahrnehmung. „Habt ihr schon
einmal dem Krächzen einer Krähe gelauscht? Ich meine, habt
ihr es wirklich gehört, ohne es als häßliches Geräusch aus eurer
Wahrnehmung auszublenden? Wenn ihr fähig seid, auf diese
Weise zu lauschen, gibt es keine Trennung mehr zwischen dem
Geräusch und den gesprochenen Worten. Aufmerksamkeit bedeutet allumfassende Wahrnehmung, die nichts ausschließt."[3]

Im Zentrum von Krishnamurtis Lehre steht das Bewusstsein.
Im Zusammenhang damit befasst er sich analytisch mit Angst,
Gewalt, Beziehungen, Glück, Liebe, Freiheit, Zeit und Tod.
Das reine Bewusstsein ohne einen Bezugspunkt gibt es bei ihm
nicht. Es geht darum, ein neues Bewusstsein zu entwickeln. Er
betont, dass es nicht nur die chronologische Zeit gibt, sondern
auch eine innere Zeit in Form von Erinnern, die mit dem Streben, etwas zu werden, verbunden ist.

„Das neue Bewußtsein hat die Fähigkeit, über sich selbst hinauszugehen, es ist frei von den Begrenzungen der Zeit, der Zeit
als innerem, psychischem Prozeß. Die ‚innere' Zeit erzeugt
Angst und verhindert so das freie Fließen der Energie. Um die
enorme Macht der Angst zu verstehen, um die Verwicklungen

---

[1] Lutyens: Door, S. 45 f.
[2] Jayakar: Krishnamurti, S. 224
[3] dies., S. 225 f.

115

zu sehen, in die der Verstand verstrickt ist, muß man das Wesen der Zeit verstehen. Angst und Zeit gehen Hand in Hand."[1]

Oft verwendet er den Begriff der Entkonditionierung. Die vergangenen Erfahrungen bilden eine Brille, durch die der Mensch die Welt und die Mitmenschen sieht. Man sieht den anderen Menschen als ein Bild, das man sich von ihm macht, nicht so, wie er wirklich ist. Daraus entstehen Konflikte, Neid, Konkurrenz usf. Daher muss sich das Bewusstsein des Menschen radikal verändern und entkonditioniert werden.

Das Denken ist konditioniert und nicht frei. Es hindert uns daran, den Menschen und der Natur unmittelbar zu begegnen und eine direkte spirituelle Erfahrung zu machen, da es das Bewusstsein an die Vergangenheit kettet. Es erschafft Dualität und Fragmentierung.

Die ursprünglichen Erfahrungen geschehen einfach. Deshalb führt kein Weg zur Wahrheit. Die Wahrheit ist lebendig und beweglich, nicht statisch. Sie ist in jedem Augenblick neu und ein zeitloser Zustand.

Da die Aufmerksamkeit des Menschen ständig auf das Denken gerichtet ist, wird er den jetzigen Ereignissen nur bruchstückhaft gewahr und erlebt sie nicht unmittelbar. Wenn man etwas seine ungeteilte Aufmerksamkeit schenkt, dann greift das Denken nicht ein. Dann bleibt das Bewusstsein bei dieser Sache, ohne zu fliehen oder sich fortzubewegen. Wenn das geschieht, lebt man ohne Projektionen.

Wird das Denken entkonditioniert, entsteht eine neue Art des Denkens. Da es nicht mehr vom Lustprinzip und Sicherheitsgedanken geleitet wird, ist es vollkommen rational. Krishnamurti gibt jedoch keine Methode an, wie man das tun soll, und betont, dass es keine Technik gibt. Die Entkonditionierung

---

[1] dies., S. 229

wirkt in die menschlichen Beziehungen und in die Gesellschaft hinein. Das ist die innere Revolution.

Besondere Aufmerksamkeit schenkt er dem Ich (Ego). Er betont wiederholt, dass es das Ich nicht gibt und es nur eine Vorstellung im konditionierten Bewusstsein ist. Er sagt, das Ich an sich könne man nicht beobachten, sondern nur in Beziehung zu Gefühlen oder einem Erlebnis, nachdem es gedanklich festgehalten worden ist. Wenn man z.b. zornig ist, gibt es in diesem Moment nur den Zorn. Erst wenn sich das Denken einstellt, tritt das Ich auf. Ohne Denken gibt es kein Ich. Wenn es kein Eingreifen in das Erlebnis gibt, gibt es keinen Beobachter, sondern nur die Beobachtung. Auch wenn man die Erfahrung eines intensiven Naturerlebnisses macht, gibt es in diesem unmittelbaren Moment kein Ich. Dann ergreift das Denken das Erlebnis, und das Ich entsteht. Ohne Denken also kein Ich.

Das Ich selbst ist ebenfalls ein Gedanke – der Ich-Gedanke. Alle Erfahrungen und Erinnerungen werden um dieses Ich herum organisiert, doch das Ich ist eine Illusion.

Diese Ansicht führte bei vielen seiner Zuhörer natürlicherweise zu Verwirrung, doch Krishnamurti beschreibt seine eigene Erfahrung immer wieder auf diese Weise. Er betont, dass es allen Menschen möglich sei, in diesem Zustand der völligen Entkonditionierung zu leben. In dem Bewusstseinszustand, in dem kein Ich vorhanden ist, gibt es keine Teilung im Bewusstsein und keine Trennung zwischen Subjekt und Objekt. Es bleibt nur das Objekt übrig, und das Bewusstsein ist dem Gegenstand gleich.

Krishnamurti trennt das Denken von der Intelligenz. Wenn das Denken zur Ruhe kommt, dann wird die Intelligenz erweckt. Intelligenz ermöglicht die richtige Wahrnehmung von Bewusstseinsinhalten, führt zur Harmonie im Bewusstsein und Denken und macht das Erleben der Wahrheit möglich. Dadurch entsteht das richtige Denken. Erst durch das Wirken der

Intelligenz sind die Gedanken sinnvoll. Krishnamurti meint auch, dass diese Intelligenz die Gehirnzellen verändern würde. Sie erweckt Energie. Dies geschieht blitzartig. Damit entsteht der neue Mensch.

Wenn das Denken aufhört, führt das zur völligen Stille im Bewusstsein. In diesem Bereich gibt es so etwas wie eine transzendente Erfahrung. Krishnamurti spricht von dem Unermesslichen, Gnade, Segnung, das Immense, Ekstase. Sie ist zeitlos, und die Sprache kann sie nicht erfassen. Er betont erneut, dass es keine Technik gibt, diesen Zustand zu erlangen. Er kommt einfach. Man kann ihn nicht verlängern oder zurückholen. Der Mensch wird von dieser Erfahrung einfach überwältigt. Oft erlebte Krishnamurti dies bei seinen Spaziergängen, aber auch während seiner Vorträge und sogar im Schlaf.

Und was ist mit Gott? Er macht klar, dass der Gott der Religionen eine Erfindung des Menschen sei. Das Denken hat den Begriff „Gott" hervorgebracht.

Krishnamurti lehnt alle Meditationstechniken ab, von denen es so viele in Indien gibt, und verdächtigt sie, lediglich eine Selbsthypnose hervorzubringen. Er lehnt auch die Gedankenkontrolle und sonstige Konzentrationsmethoden ab. Er befürwortet nicht die reine Innenschau, sondern man müsse nach innen und nach außen schauen, da es keine Trennung von Innen und Außen gebe. Die Wirklichkeit ist eine kontinuierliche Strömung wie Ebbe und Flut.

Wahre Meditation ist für Krishnamurti das Verstehen des Lebens in seiner Ganzheit. Es geht um das Verstehen, wie das Denken funktioniert. Dabei soll man sich jeden Gedankens und jedes Gefühls gewahr sein und sie beobachten, ohne sie zu beurteilen. Daraus entsteht Schweigen. „Ein Schweigen, das vom Denken zustande gebracht wurde, ist Stagnation, ist unfruchtbar; aber das Schweigen, das entsteht, wenn das Denken seinen eigenen Anfang, sein eigentliches Wesen verstanden hat, wenn es begriffen hat, dass alles Denken niemals ungebunden ist – dieses Schweigen ist Meditation, in der es keinen Meditierenden gibt."[1]

„Meditation ist eine der größten Künste des Lebens – vielleicht die größte, und man kann sie unmöglich von irgendjemandem lernen. Das ist das Schöne an ihr. Sie hat keine Technik und daher keine Autorität. Wenn du etwas über dich selbst lernst, beobachte dich selbst, beobachte die Art, wie du gehst, wie du isst, was du sagst, den Klatsch, den Hass, die Eifersucht. Wenn du dir dessen in dir selbst bewusst bist, ohne irgendeine Wahl zu haben, ist das Teil der Meditation. Meditation kann also stattfinden, wenn du in einem Bus sitzt oder in einem Wald voller Licht und Schatten spazieren gehst, wenn du dem Gesang der Vögel lauschst oder das Gesicht deiner Frau oder deines Kindes betrachtest."[2]

Krishnamurti sprach viel über die Liebe. Einmal wurde er gefragt: „Wie kann man lieben? Wie kann man so in diesem Zustand aufgehen, daß jede Handlung, jede Reaktion aus Liebe geschieht und daher frei von Selbstsucht ist?"

Krishnamurti antwortete: „Kannst du etwas über die Liebe wissen? Das, was ihr kennt, hat ganz sicher nicht viel mit Liebe zu tun. Zu lieben heißt, allem gegenüber empfindsam und verletzbar zu sein. Es bedeutet in gewissem Sinne, tugendhaft zu sein. Kann man Tugend erlernen? Jeder Versuch, tugendhaft zu werden, jedes Bemühen, diesen Zustand zu erreichen, hieße, die Tugend zu verleugnen."[3]

Er betonte, dass es keine Antwort auf die Fragen des Lebens gäbe. Zum Leid sagte er, man müsse es annehmen, es umarmen, es verstehen, nicht davor fliehen. „Um Tod und Schmerz verstehen zu können, muß man ein brennendes Verlangen

---

[1] Krishnamurti: Einbruch in die Freiheit., S. 146 f.
[2] Lutyens: Door, S. 63
[3] Jayakar: Krishnamurti, S. 150

spüren und den Tatsachen ins Auge sehen. Der Tod ist das Unbekannte, der Schmerz ebenfalls; aber das Erkennen und Annehmen des Wesens, der Tiefe, der Schönheit und der Einsamkeit des Schmerzes bedeutet gleichzeitig sein Ende. Die wahre Glückseligkeit erfahren wir in einem Zustand des Nichtreagierens. Es ist ein Segen, den Tod kennenzulernen, denn der Tod ist das Unbekannte."[1]

Als Mary Lutyens ihn einmal um eine Schilderung des Kerns seiner Lehre bat, schrieb er:

„Der Kern der Lehre Krishnamurtis ist in seiner Aussage enthalten, die er 1929 machte, als er sagte: ‚Die Wahrheit ist ein pfadloses Land.‘ Der Mensch kann weder durch irgendeine Organisation, noch durch irgendeinen Glauben, irgendein Dogma, irgendwelche Priester oder Rituale, noch durch philosophisches Wissen oder psychologische Technik dahin gelangen. Er muß die Wahrheit durch den Spiegel der Beziehungen, durch das Verständnis seines eigenen Geistesinhaltes, durch Beobachtung und nicht durch intellektuelle Analyse oder nach innen gekehrter, beschaulicher Zergliederung entdecken. Der Mensch baut sich einen Schutzwall aus religiösen, politischen, persönlichen Vorstellungen auf, die sich in Form von Symbolen, Ideen und Glaubensbekenntnissen manifestieren. Die Last dieser Vorstellungen beherrscht das Denken, die Beziehungen und den Alltag des Menschen. Diese Vorstellungen sind die Ursache unserer Probleme, denn sie trennen in jeder Beziehung den Menschen vom Menschen. Seine Lebensauffassung wird von den Konzepten gestaltet, die sich in seinem Geist schon festgesetzt haben. Der Inhalt seines Bewußtseins ist dieses Bewußtsein. Dieser Inhalt ist der ganzen Menschheit gemeinsam. Die Individualität ist der Name, die Form und die oberflächliche Kultur, die er aus seiner Umwelt erwirbt. Die Einzigartig-

---

[1] dies., S. 226

keit des Individuums liegt nicht im Oberflächlichen, sondern in der totalen Freiheit vom Inhalt des Bewußtseins.

Foto: Michael Mendizza, KFA

Die Freiheit ist keine Reaktion. Freiheit kann man nicht wählen. Der Mensch gibt vor, frei zu sein, weil er eine Wahl hat. Freiheit ist reine Beobachtung ohne Ziel, ohne Angst vor Strafe und Belohnung. Freiheit ist motivlos. Die Freiheit liegt nicht am Ende der Evolution des Menschen, sondern beginnt im ersten Schritt seines Daseins. Durch Beobachtung beginnt man den Mangel an Freiheit zu entdecken. Freiheit entdeckt man im wahl-freien Bewußtsein des alltäglichen Daseins.

Denken ist Zeit. Das Denken wird aus der Erfahrung, aus Wissen geboren, die beide untrennbar mit der Zeit verbunden sind. Die Zeit ist der Feind der menschlichen Psyche. Unser Tun stützt sich auf Wissen und damit auf die Zeit, so daß der Mensch immer ein Sklave der Vergangenheit ist.

Wenn sich der Mensch der Bewegung seines eigenen Bewußtseins bewußt wird, wird er die Spaltung zwischen dem Denker und dem Denken, zwischen dem Beobachter und dem Beobachteten, zwischen dem Erfahrenden und der Erfahrung erkennen. Er wird einsehen, daß diese Aufspaltung eine Illusion ist. Erst dann kommt er zur reinen Beobachtung, die Einsicht ohne jeden Schatten der Vergangenheit ist. Diese zeitlose Einsicht führt zu einem tiefen, radikalen Wandel im Geist.

Die totale Negation ist die Essenz des Positiven. Erst in der Verneinung all dessen, was nicht Liebe ist – Verlangen, Vergnügen – stellt sich Liebe mit ihrem Erbarmen und ihrer Intelligenz ein."[1]

Wiederholt betont er, dass man seinen Reden keinen Glauben schenken müsse. Man solle nicht unter seinen Einfluss geraten, denn das wäre ebenfalls eine Konditionierung.

Es ließe sich noch so manches über Krishnamurtis vielschichtige und anspruchsvolle Lehre, die keine leichte Kost ist, sagen. Doch lassen wir es in dieser schlichten Einführung dabei bewenden.

---

[1] Lutyens: Biographie, S. 187 f.

Chronik von Krishnamurtis Leben

11.5.1895	(bzw. 12.5.1895 nach westlicher Zeitrechnung): Geburt K.s in Madanapalle in Andhra Pradesh
7.1.1905	K.s Mutter stirbt.
23.1.1909	K.s Vater erhält eine Anstellung bei der Theosophischen Gesellschaft in Adyar bei Madras (Chennai) und zieht mit seiner Familie dorthin.
Ca. Apr. 1909	Leadbeater entdeckt K.
11.1.1910	K.s erste Einweihung bei der TG
6.3.1910	Annie Besant adoptiert K. und Nitya.
Dez. 1910	„At the Feet of the Master" wird veröffentlicht.
11.1.1911	Arundale gründet den Orden der aufgehenden Sonne, der einige Monate später zum internationalen Orden des Sterns im Osten wird.
5.5.1911	K. kommt mit seinem Bruder Nitya und Annie Besant zum ersten Mal nach London.
1.5.1912	K.s zweite Einweihung bei der TG in Taormina, Italien
5.5.1914	Besant gewinnt den Sorgerechtsprozess.
1918-1920	K. besteht dreimal die Aufnahmeprüfung an der Londoner Universität nicht. Nitya besteht beim ersten Mal und studiert Jura.
28.12.1920	K. spricht zum ersten Mal vor der TG.
27./28.7.1921	K. leitet den ersten Weltkongress des Ordens des Sterns im Osten in Paris.

Sept. 1921:	in Ommen, Niederlande. K. erhält Schloss Eerde, lernt Helen Knothe kennen und verliebt sich in sie.
Nov. 1921	Reise nach Indien
Apr. 1922	Reise nach Sydney, Australien
Ab Juli 1922	in Ojai in Kalifornien mit Nitya, der an Tuberkulose erkrankt ist; Transformationsprozess
13.11.1925	Nitya stirbt in Ojai, während K. auf dem Schiff nach Indien ist.
14.1.1927	Annie Besant erklärt, der Weltlehrer sei da.
Jan. 1928	Der Rishi Valley Trust wird gegründet.
3.8.1929	K. löst den Orden des Sterns auf.
26.12.1929	K. trennt sich von der TG.
20.7.1933	Annie Besant stirbt.
8.7.1968	K. trennt sich von der KWINC.
28.8.1968	Der Krishnamurti Foundation Trust (UK) wird gegründet.
28.10.1968	Die Brockwood Park School in Hampshire wird vom Krishnamurti Foundation Trust erworben.
70er/Anf. 80er Jahre	Viele von K.s Werken werden veröffentlicht.
11.1.1986	K. erkrankt.
22.1.1986	K. kommt ins Krankenhaus in Santa Paula, Kalifornien.
30.1.1986	Diagnose von Bauchspeicheldrüsenkrebs. K. kehrt nach Ojai zurück.
17.2.1986	K. stirbt kurz nach Mitternacht.

Literaturverzeichnis

Alcyone: Zu Füßen des Meisters (At the feet of the Master), 2. Aufl., Grafing, 2009

Forbes, Scott: Krishnamurti: Preparing to Leave, SHF Publications, 2021 (e-book)

Grohe Friedrich: Die Schönheit des Berges: Erinnerungen an Krishnamurti: https://friedrichgrohe.com/wp-content/uploads/2019/09/Beauty-Inh-dtsch-12.pdf (15.12.2024)

Gunturu, Vanamali: Krishnamurti: Leben und Werk, München, 1997 (Diedrichs Gelbe Reihe)

Jayakar, Pupul: Krishnamurti – ein Leben in Freiheit (Krishnamurti: a biography), Freiburg i. Br., 2003

Jiddu, Krishnamurti: Ausgewählte Werke, Grafing, 2014: enth.:
Einbruch in die Freiheit
Die letzten Gespräche in Saanen
Das Journal
Das letzte Tagebuch
Schöpferische Freiheit
Über die Liebe
Vertrauen zum Leben
Selbstgespräche

Jiddu, Krishnamurti: The Kingdom of Happiness, Adyar, 1928

Kishore, Mahesh: Nitya, A Tale of two Brothers, SHF Publications, 2021 (e-book)

Lutyens, Emily: Candles in the Sun, London, 1957

Lutyens, Mary: Krishnamurti: Die Biographie (His Life and Death), Grafing, 1991

Lutyens, Mary: Krishnamurti: Jahre des Erwachens (Years of Awakening), München, 1981

Lutyens, Mary: Krishnamurti: The Years of Fulfilment, London, 1985

Lutyens, Mary: Krishnamurti: The Open Door, London, 1988

Lutyens, Mary: Krishnamurti and the Rajagopals, Ojai 1996

Rajagopal Sloss, Radha: Lives in the Shadow of J. Krishnamurti, London, 1991

Zimbalist, Mary: In the Presence of Krishnamurti, Mary's unfinished book, Holistic Education, Inc., 2016 (e-book)